Kohlhammer

Grundwissen Soziale Arbeit

Begründet von Rudolf Bieker

Herausgegeben von Michael Domes

Das gesamte Grundwissen der Sozialen Arbeit in einer Reihe: theoretisch fundiert, immer mit Blick auf die Arbeitspraxis, verständlich dargestellt und lernfreundlich gestaltet – für mehr Wissen im Studium und mehr Können im Beruf.

Eine Übersicht aller lieferbaren und im Buchhandel angekündigten Bände der Reihe finden Sie unter:

https://shop.kohlhammer.de/grundwissen-soziale-arbeit

Die Autorinnen

Dr. Diana Düring ist seit 2014 Professorin für Theorie und Geschichte Sozialer Arbeit und der Kinder- und Jugendhilfe an der Ernst-Abbe-Hochschule Jena. Ihr Studium am Fachbereich Sozialwesen der FH Erfurt schloss sie als Dipl.-Sozialarbeiterin/-pädagogin ab. Später promovierte sie im Rahmen des DFG-Graduiertenkollegs »Jugendhilfe im Wandel« an der TU Dortmund. Ihre Arbeits- und Forschungsschwerpunkte umfassen die Aufarbeitung und Erinnerungskulturen (repressiver) öffentlicher Erziehung, insbesondere bezogen auf DDR-Jugendhilfe und auf deutsche Kolonialgeschichte, sowie Partizipation in den Hilfen zur Erziehung.

Dr. Nicole S. Harth ist seit 2015 Professorin für Psychologie an der Ernst-Abbe-Hochschule Jena. Nach ihrem Studium der Psychologie und Soziologie an der Universität Mannheim promovierte sie im Rahmen des DFG-Kollegs »Conflict and Cooperation between Social Groups« an der Friedrich-Schiller-Universität Jena, verbunden mit einem Forschungsaufenthalt an der University of Sussex, UK. Ihre Forschungsschwerpunkte sind emotionale Aspekte zwischenmenschlicher Beziehungen, Versöhnung zwischen Gruppen und soziale Ungleichheit.

Diana Düring/Nicole Harth

Soziale Arbeit mit Emotionen

Verlag W. Kohlhammer

Dieses Werk einschließlich aller seiner Teile ist urheberrechtlich geschützt. Jede Verwendung außerhalb der engen Grenzen des Urheberrechts ist ohne Zustimmung des Verlags unzulässig und strafbar. Das gilt insbesondere für Vervielfältigungen, Übersetzungen, Mikroverfilmungen und für die Einspeicherung und Verarbeitung in elektronischen Systemen.

Die Wiedergabe von Warenbezeichnungen, Handelsnamen und sonstigen Kennzeichen in diesem Buch berechtigt nicht zu der Annahme, dass diese von jedermann frei benutzt werden dürfen. Vielmehr kann es sich auch dann um eingetragene Warenzeichen oder sonstige geschützte Kennzeichen handeln, wenn sie nicht eigens als solche gekennzeichnet sind.

Es konnten nicht alle Rechtsinhaber von Abbildungen ermittelt werden. Sollte dem Verlag gegenüber der Nachweis der Rechtsinhaberschaft geführt werden, wird das branchenübliche Honorar nachträglich gezahlt.

Dieses Werk enthält Hinweise/Links zu externen Websites Dritter, auf deren Inhalt der Verlag keinen Einfluss hat und die der Haftung der jeweiligen Seitenanbieter oder -betreiber unterliegen. Zum Zeitpunkt der Verlinkung wurden die externen Websites auf mögliche Rechtsverstöße überprüft und dabei keine Rechtsverletzung festgestellt. Ohne konkrete Hinweise auf eine solche Rechtsverletzung ist eine permanente inhaltliche Kontrolle der verlinkten Seiten nicht zumutbar. Sollten jedoch Rechtsverletzungen bekannt werden, werden die betroffenen externen Links soweit möglich unverzüglich entfernt.

1. Auflage 2025

Alle Rechte vorbehalten
© W. Kohlhammer GmbH, Stuttgart
Gesamtherstellung: W. Kohlhammer GmbH, Heßbrühlstr. 69, 70565 Stuttgart
produktionssicherheit@kohlhammer.de

Print:
ISBN 978-3-17-040456-4

E-Book-Formate:
pdf: ISBN 978-3-17-040457-1
epub: ISBN 978-3-17-040458-8

Vorwort zur Reihe

Liebe Leser:innen,
die Idee zu der Reihe »Grundwissen Soziale Arbeit«, als deren Herausgeber ich ab dem 51. Band, in der Nachfolge von Prof. Dr. Rudolf Bieker, fungiere, ist vor dem Hintergrund der bildungspolitisch veränderten Rahmenbedingungen im Zuge der Bologna-Reform entstanden.

Band 1 »Soziale Arbeit studieren« bildete den Auftakt, der nach und nach erscheinenden Bände, deren Gemeinsamkeit ist, das für Sozialarbeiter:innen und Sozialpädagog:innen bedeutsame Grundwissen sukzessive abzubilden.

Dabei ist dreierlei zu beachten:

Grundwissen meint mehr als »reine Theorie«. Es umfasst, unabhängig vom je spezifischen Gegenstand, neben Wissen auch immer Aspekte des Könnens und der Haltung als Bestandteile sozialarbeiterischer/sozialpädagogischer Professionalität.

Grundwissen hat eine gewisse zeitlose Komponente. Grundwissen ist zugleich aber nicht etwas Statisches, das ein für alle Mal festgelegt ist. Das Grundwissen Sozialer Arbeit verändert sich in Auseinandersetzung mit gesellschaftlichen, politischen oder wissenschaftlichen Entwicklungen bzw. Rahmenbedingungen, so wie sich auch die professionelle Praxis Sozialer Arbeit verändert.

Grundwissen bietet für die Leser:innen eine Orientierung. Es dient als Navigationsinstrument für Soziale Arbeit, die, wie der Vorstand der DGSA 2024 festgehalten hat, wahrlich »ein komplexes Themenfeld« ist. Und wie bei einem solchen Gerät üblich: Es gibt immer mehrere Wege, ans Ziel zu kommen. Blind zu folgen bzw. zu vertrauen, ist nur bedingt eine hilfreiche Strategie. Das Navi ist eine – (ge)wichtige – Komponente, die aber nur im Zusammenspiel mit dem eigenen Denken (der Fachkraft) und dem Kontext (Gesellschaft und Adressat:innen) ihre Wirkung entfalten kann.

Die Bände der Reihe zeichnen sich durch ihre Lesefreundlichkeit, auch für das Selbststudium Studierender, besonders aus – oder, wie es der verstorbene C. W. Müller in einem Interview auf die Frage nach Kritik an seiner fachlichen Positionierung auf den Punkt gebracht hat: »Ich will auch allgemein gut verständlich sein und bleiben. Das ist kein Widerspruch zur Wissenschaftlichkeit.« Die Autor:innen verpflichten sich diesem übergeordneten Ziel auf unterschiedliche Weise: eine Begrenzung der Stoffmenge auf einen überschaubaren Umfang, Verständlichkeit der Sprache, Theorie-Praxis-Bezüge, (weiterführende) Literaturhinweise und Anschaulichkeit durch Gestaltungselemente, wie Grafiken, Hervorhebungen oder Schaukästen. Jeder Band bietet in sich abgeschlossen eine grundlegende Einführung in das jeweilige Themenfeld.

Im Fokus steht dabei immer, welche professionellen (Handlungs-)Kompetenzen ausgebildet werden können bzw. welche Bedeutung das jeweilige Thema/Themenfeld für die professionelle Praxis Sozialer Arbeit hat.

Die Bände verstehen sich als Einladung, sich auf (neues) wissenschaftliches Wissen einzulassen und die Themen kritisch weiterzudenken, um so auf dem Weg der eigenen Professionalitätsentwicklung weitere Schritte zu gehen. Oder wie es Alice Salomon schon 1932 formuliert hat: »Wir lernen ja nicht da, wo wir feststellen, daß der andere alles ebenso macht wie wir, sondern wir lernen, wenn er es anders macht. Denn das allein führt uns zur Selbstbesinnung, zur Selbstkritik und daraus erwächst lebendiges Leben, lebendiger Geist, lebendige Formkraft«.

Prof. Dr. Michael Domes, Nürnberg

Zu diesem Buch

Emotionen sind grundlegende Empfindungen, die wir im Alltag erleben und die sowohl unser individuelles Denken und Handeln als auch unsere Interaktionen mit anderen Menschen tiefgreifend beeinflussen.

Mit diesem Buch möchten wir einen integrativen Zugang zum Verständnis und zum Umgang mit Emotionen in der Sozialen Arbeit bieten. Aus der Perspektive verschiedener Disziplinen, insbesondere der Sozialen Arbeit, der Psychologie und der Soziologie, wird die Bedeutung von Emotionen für das Verständnis sozialer Erfahrungen sowie für das praktische Handeln veranschaulicht.

Die Idee zu diesem Buch basiert auf einem gemeinsamen Seminar, das wir seit mehreren Jahren im Bachelor-Studiengang Soziale Arbeit durchführen. Die Diskussionen im Seminar bzw. die Rückmeldungen auf das Seminar haben uns darin bestärkt, ein solches Buch zu verfassen, da gerade durch die Kombination und Zusammenschau verschiedener wissenschaftlicher Perspektiven ein umfassenderes Verständnis von Emotionen entstehen kann.

Unser Anspruch beim Schreiben war es, zentrale Emotionskonzepte und -theorien sowie aktuelle Forschungsergebnisse übersichtlich darzustellen und – einem Lehrbuch entsprechend – mit Beispielen, Reflexionsfragen und -anregungen sowie Übungsanleitungen vertiefende und handlungspraktische Impulse zu geben. Die meisten der ausgewählten Übungen und Reflexionsfragen sind Bestandteil unseres Seminars, bereits erprobt und im geschützten Rahmen sehr gut umsetzbar.

Für das Kapitel »Emotionen unter der Lupe« mussten wir natürlich eine Auswahl treffen, die andere vielleicht anders treffen würden. Entscheidend war für uns, dass wir die ausgewählten Emotionen im Kontext von Arbeitsbeziehungen in der Sozialen Arbeit für zentral halten. Während dies bei Vertrauen und Empathie oder Ärger unmittelbar einleuchten mag, haben wir mit Ekel, aber auch Dankbarkeit bewusst Emotionen ausgewählt, die unseres Erachtens in der Praxis eher tabuisiert werden und auch in den Debatten zur Sozialen Arbeit keine besondere Rolle spielen.

Wir möchten mit diesem Band zu einer intensiven und kritischen Auseinandersetzung mit dem Thema Emotionen einladen und hoffen, damit einen Beitrag zu einem vertieften Verständnis und einer erhöhten Sensibilität im Umgang mit Emotionen in der Sozialen Arbeit zu leisten.

Jena, im September 2024,
Diana Düring, Nicole Harth

Inhalt

Vorwort zur Reihe 5

Zu diesem Buch 7

1 Was sind Emotionen? – Aspekte eines Konzeptes **11**
   1.1   Begriffsbestimmungen 11
   1.2   Zur Entstehung und den Funktionen von Emotionen 13
        1.2.1 Die James-Lange-Theorie der Emotion 13
        1.2.2 Kognitive Bewertungstheorien der Emotionen 15
        1.2.3 Emotionale Schlüsselszenarien 18
        1.2.4 Evolutionäre Ansätze: Welche Funktionen haben Emotionen? 20

2 Emotionen im Spiegel unterschiedlicher Wissenschaften – Perspektiven und Felder der Emotionsforschung **26**
   2.1   Soziologie – Emotionen und soziales Handeln 26
   2.2   Geschichtswissenschaft – Emotionen haben und machen Geschichte 29
   2.3   (Sozial-)Psychologie – Emotionen als soziale Phänomene 30

3 Emotionsarbeit in der Sozialen Arbeit **33**
   3.1   Einführende Bemerkungen – Charakteristika der Profession Soziale Arbeit 33
   3.2   Emotionsarbeit bzw. Gefühlsarbeit bei Hochschild 35
   3.3   Studien zur Emotionsarbeit in der Sozialen Arbeit 38
   3.4   Weitere Themenfelder und Befunde 42

4 Emotionen unter der Lupe: Ärger **45**
   4.1   Definition und Folgen von Ärger 45
   4.2   Fazit und Implikationen für die Praxis 51

5 Emotionen unter der Lupe: Schuld und Scham **53**
   5.1   Schuld 53
   5.2   Scham 55
   5.3   Fazit und Implikationen für die Praxis 58

6	**Emotionen unter der Lupe: Ekel**		**61**
	6.1	Definition und Forschungsansätze	61
	6.2	Ekel als soziale und moralische Emotion	63
	6.3	Ekel und Vorurteile	64
	6.4	Fazit und Implikationen für die Praxis	66
7	**Emotionen unter der Lupe: Vertrauen**		**69**
	7.1	Unterschiedliche disziplinäre Perspektiven auf Vertrauen	69
	7.2	Fazit und Implikationen für die Praxis	77
8	**Emotionen unter der Lupe: Dankbarkeit**		**79**
	8.1	Definitionen von Dankbarkeit	79
	8.2	Dankbarkeit und positive Psychologie	81
	8.3	Dankbarkeit in herausfordernden Lebenslagen?	82
	8.4	Fazit und Implikationen für die Praxis	84
9	**Emotionen unter der Lupe: Empathie**		**86**
	9.1	Definitionen und Zugänge	86
	9.2	Empathie und Machtfragen	91
	9.3	Fazit und Implikationen für die Praxis	93
10	**Zusammenfassende Überlegungen: Zum Umgang mit Emotionen als professionelle Aufgabe**		**97**
	10.1	Emotionsregulation	97
		10.1.1 Individuelle Strategien	98
		10.1.2 Soziale Strategien	100
	10.2	Praktische Implikationen intra- und interpersoneller Emotionsregulation	102
	10.3	Die Bedeutung organisationaler Strukturen für die Emotionsregulation von Fachkräften	105
Literatur			**109**

1 Was sind Emotionen? – Aspekte eines Konzeptes

> **☞ Was Sie in diesem Kapitel lernen können**
>
> Im ersten Kapitel dieses Buches widmen wir uns dem Grundlagenwissen zu Emotionen und der Emotionsforschung. Dabei gehen wir auf Fragen ein, die uns helfen, ein tieferes Verständnis für dieses komplexe Thema zu entwickeln. Was genau sind Emotionen und wie unterscheiden sie sich von Gefühlen oder Stimmungen? Welche Theorien erklären die Entstehung von Emotionen und wie können wir eigene und fremde Emotionen verstehen? Besteht ein Zusammenhang zwischen unserem Denken und unseren Gefühlen? Wie sinnvoll ist es, von Basisemotionen zu sprechen, und welche Rolle spielen diese in unserem Alltag? Warum ist es für Sozialarbeiter*innen von Bedeutung, ein tieferes Verständnis für Emotionen zu entwickeln?
>
> Dieses Kapitel bietet einen Einblick in diese Fragen und legt den Grundstein für ein vertieftes Verständnis der emotionalen Dimension in der Sozialarbeit.

1.1 Begriffsbestimmungen

Emotionen wie Ärger, Angst, Freude oder Schuldgefühle begleiten uns im Alltag. Freuen wir uns auf ein langersehntes Treffen, haben wir ein breites Grinsen im Gesicht, sind wir aufgebracht wegen eines Streits in der Familie, bekommen wir Kopfschmerzen. Vielleicht sind manche Leser*innen deshalb überrascht zu hören, dass über die Definition des Konzeptes *Emotion* bis heute Uneinigkeit besteht. Jeder scheint zu wissen, was Emotionen sind – bis er oder sie gebeten wird, eine Definition abzugeben (vgl. Fehr & Russell, 1984). Die systematische Erforschung von Emotionen ist ein relativer junger Forschungsbereich, sowohl in der Psychologie als auch in der Soziologie und der Sozialen Arbeit. Dabei trug eine wegweisende Arbeit von William James bereits vor über 100 Jahren den Titel »What is an emotion?« (James, 1948 [1884]). Ähnlich wie Wilhelm Wundt, der in Leipzig das weltweit erste psychologische Labor gründete, war er der Ansicht, dass es eine vorrangige Aufgabe der Psychologie sei, das Zusammenspiel emotionaler und kognitiver Prozesse zu erforschen, um menschliches Verhalten besser verstehen zu können. Dennoch gelten Emotionen auch heute noch als *fuzzy objects* (Faßnacht, 1995): Die Unschärfe nimmt zu, je genauer wir das Objekt betrachten. Nachdem das Forscherpaar Kleinginna und Kleinginna (1981) in einem vielzitierten Aufsatz über 102 unterschiedliche Definitionen allein in der Psychologie zusammentrug, wurde deutlich, dass es sowohl für die weitere Erforschung als auch für die Praxis notwendig wäre, eine weit gefasste, aber einheitliche Definition des Phänomens vorzunehmen. Was also gilt heute als *Emotion*?

> **Emotionen**
>
> Emotionen werden in der Psychologie als Syndrom beschrieben, das heißt als ein Zusammenspiel verschiedener Prozesse von beschränkter zeitlicher Dauer. Eine Emotion umfasst demnach (Lammers, 2015; Barrett et al., 2011):
>
> - *kognitive* Bewertungen emotionsauslösender Objekte oder Situationen
> - *somatisches* Geschehen, das heißt physiologische und hormonelle Veränderungen
> - *motorische* Aspekte, wie Änderungen in Mimik, Gestik und Tonfall
> - das *subjektive Empfinden* der Emotion
> - motivationale *Handlungsimpulse*

Diese Begriffsbestimmung lässt sich gut anhand der Emotion Ärger verdeutlichen.

> **Beispiel »Ärger«**
>
> Typischerweise ärgern wir uns, wenn wir denken (Kognition), dass wir ungerecht behandelt werden oder uns jemand Steine in den Weg legt. Damit geht eine Änderung des physiologischen Geschehens einher, der Blutdruck und die Pulsfrequenz schnellen hoch (Somatik). Die Augenbrauen ziehen sich zu einem Ärger-Gesicht mit hartem Blick zusammen (Motorik) und wir werden angriffslustig (Handlungsimpuls). Subjektiv empfinden wir in Summe ein Gefühl, das wir Ärger nennen (Empfindung/Gefühl). Menschen beziehen sich also – ohne es notwendigerweise bewusst wahrzunehmen – auf Veränderungen in diesen unterschiedlichen Bereichen, wenn sie ihre *Emotionen* beschreiben.

Auch wenn im Alltag oder in anderen Disziplinen eher von Gefühlen gesprochen wird, verwenden wir in diesem Buch durchweg den Begriff *Emotion*. Affekt ist in der psychologischen Fachsprache ein Überbegriff für jegliche emotional eingefärbte Regung (Scherer, 2005). Als affektiven Zustand bezeichnen wir auch Stimmungen. Im Gegensatz zur diskreten Emotion, die zeitlich begrenzt ist, kann eine Stimmung länger andauern, ist häufig weniger intensiv und nicht auf eine bestimmte Situation oder ein Objekt bezogen. Im Vordergrund steht eher das subjektive Gefühl (»Ich habe einfach schlechte Laune«). Stimmungen sind im Vergleich zu spezifischen Emotionen auch weniger deutlich durch körperliche Veränderungen wie Mimik und Gestik gekennzeichnet (Juslin et al., 2005). Das alltagssprachliche Gefühl ist also nur ein Teil einer Emotion, der Teil, der unser subjektives Erleben beschreibt.

In der Umgangssprache, aber auch in der Rechtsprechung oder von einigen Vertreter*innen der Sozialen Arbeit wird mit Affekt eine reduzierte impulsive Handlungssteuerung bezeichnet, die von hoher Intensität und kurzer Dauer ist. So werden Affekte im »Handbuch der Sozialen Arbeit« im einschlägigen Artikel von Burkhard Müller als »besondere Emotionen« definiert, die »Menschen eher erleiden oder die ihnen zustoßen, als dass sie ihren Werthaltungen direkt entsprechen« (Müller, 2015, S. 508). Damit einhergehend, sind diese Emotionen solche, »die der Kontrolle von Akteuren entgleiten und sie dazu bewegen, etwas anderes zu tun bzw. auf andere Weise zu tun, als sie es wollen« (ebd.).

1.2 Zur Entstehung und den Funktionen von Emotionen

Wann reagieren wir emotional? Emotionales Erleben ist eine individuelle Erfahrung und unterliegt dennoch, ebenso wie andere psychische Prozesse, Regeln und Gesetzmäßigkeiten (Frijda, 2017). Das bedeutet, dass die Entstehung, Veränderung und Regulation von Emotionen nach bestimmten Mustern ablaufen. Je nach Paradigma gibt es unterschiedliche Erklärungsansätze für die Emotionsentstehung. Psycholog*innen beschäftigen sich damit, herauszufinden, wie die oben genannten Komponenten einer Emotion miteinander zusammenhängen. Gibt es eine klare Abfolge? Kommt das Denken immer vor dem Fühlen? Gibt es gute und schlechte Emotionen? Hat jede Emotion einen spezifischen Ausdruck? Die wichtigsten Ansätze, auch im Hinblick auf deren Praktikabilität im Arbeitsalltag von Sozialarbeiter*innen, werden im Folgenden vorgestellt.

1.2.1 Die James-Lange-Theorie der Emotion

William James (1948 [1884]) stellte die Frage, ob wir weinen, weil wir traurig sind, oder traurig sind, weil wie weinen. Intuitiv empfinden wir diese Frage als unsinnig. Die meisten Menschen würden antworten, dass das Weinen die Reaktion auf die Traurigkeit sei. Sowohl James als auch der Däne Carl Lange, der nur wenige Zeit später in seinem Buch »Über Gemütsbewegungen« eine ähnliche Idee publizierte, vertraten die Meinung, dass Emotionen die Folge körperlicher Vorgänge seien. Der Kerngedanke ist, dass die körperlichen Veränderungen die Ursache für Emotionen sind. Zusätzliche kognitive Prozesse, wie das Nachdenken über eine Situation, würden länger dauern und erst auftreten, nachdem die Emotion bereits aktiviert sei. Beide nahmen also an, dass wir traurig sind, weil wir weinen.

> »The hypothesis here to be defended says that this order of sequence is incorrect, that the one mental state is not immediately induced by the other, that the bodily manifestations must first be interposed between, and that the more rational statement is that we feel sorry because we cry, angry because we strike, afraid because we tremble, and not that we cry,

strike or tremble, because we are sorry, angry or fearful, as the case may be« (James, 1884, S. 190).

Bis heute gibt es keine eindeutige Antwort auf die Frage, ob Emotionen Ursache oder Folge körperlicher Vorgänge sind. Die Physiologen Cannon und Bard waren die ersten, die eine umfassende Kritik an der James-Lange-Theorie postulierten und eine eigene Hypothese aufstellten (Cannon, 1927). Sie gingen davon aus, dass die physiologischen Reaktionen wie Herzklopfen oder Schwitzen einander zu ähnlich und zu undifferenziert seien, als dass sie unterschiedliche Emotionen hervorrufen könnten. Laut ihrer Theorie entstehen die körperlichen Reaktionen und Emotionen gleichzeitig, aber getrennt voneinander. Beide Theorien waren sehr einflussreich, haben kontroverse Diskussion angeregt und die nachfolgende Emotionsforschung mitgeprägt. Zusammenfassend lässt sich sagen, dass die heute vorliegenden Forschungsergebnisse tendenziell eher die von der James-Lange-Theorie vorhergesagten Effekte widerspiegeln: Das Erzeugen von Gesichtsausdrücken oder das Einnehmen einer bestimmten Körperhaltung kann entsprechende Gefühle steigern (Coles et al., 2019). Auch wenn die Ergebnisse nicht immer konsistent sind (Reisenzein & Stephan, 2014), gibt es zahlreiche Belege für Rückkopplungseffekte von körperlichen Veränderungen auf Emotionen. Dass das Einnehmen von Körperhaltungen Emotionen nicht nur widerspiegelt, sondern diese auch erzeugen kann (Carney et al., 2010; Niedenthal, 2007), hat einen wahren »Embodiment-Boom« ausgelöst. In Buchhandlungen finden sich Ratgeber, die größere Karrierechancen versprechen, wenn bestimmte Machtposen, sogenanntes *power posing*, im Jobinterview eingenommen werden. Es geht sowohl darum, dass die eigene Körperhaltung beeinflusst, wie wir uns selbst fühlen, als auch darum, welche Empfindungen unsere Körpersprache bei anderen Personen auslöst. Zum Beispiel wird häufig empfohlen, eine expansive Körperhaltung einzunehmen, indem man sich groß macht oder die Arme hinter dem Kopf verschränkt, um Selbstbewusstsein zu signalisieren. In groß angelegten Replikationsstudien konnten solche Rückkopplungseffekte, beispielsweise des Gesichtsausdrucks auf die eigene Gefühlslage, nicht eindeutig bestätigt werden (Wagenmakers et al., 2016). Zudem ist die Erwartung, dass ein Effekt, der unter Laborbedingungen gefunden wurde, auch im Alltag stets eindeutig vorhersagbar eintritt, nicht realistisch. Freilich ist dies auch nicht das Ziel dieser Forschung, die darin besteht, grundlegende psychische Prozesse zu erkennen und zu verstehen.

Dennoch gibt es innerhalb der klinischen Psychologie einen Konsens darüber, dass ein starker Zusammenhang zwischen Depression und dem Gangbild einer Person besteht. Unterschiedliche Forschungsgruppen (Adolph et al., 2021; Lemke et al., 2000) konnten zeigen, dass depressive Patient*innen im Vergleich zu psychisch gesunden Kontrollpersonen langsamer laufen, über ein schlechteres Gleichgewicht verfügen und eine geringere Schrittlänge aufweisen. Traurige und depressive Personen sind außerdem durch eine zusammengesackte Körperhaltung und einen verringerten Armschwung beim Gehen erkennbar (Michalak et al., 2014). Diese recht konsistenten Befunde könnten der Ausgangspunkt dafür sein, neue Behandlungs- und Beratungsformen zu entwickeln, die depressive oder chronisch traurige Personen dabei unterstützen, ihre Körperhaltung und ihre Bewegungsmuster zu verändern, um Einfluss auf ihre Emotionen zu nehmen. Inwieweit dies langfristig eine Verbesserung des Wohlbefindens bei den Betroffenen herbeiführen kann, bleibt abzuwarten. In den letzten Jahren wird daher diskutiert, inwiefern die Körperhaltung sowohl in die Diagnose als auch in die Beratung und Therapie depressiver Patient*innen einbezogen werden könnte (Feldman, 2007).

Im Sinne der James-Lange-Theorie der Emotionen finden die modernen Neurowissenschaften Belege dafür, dass zumindest in Situationen großer Gefahr (Schreck, Angst) oder sexueller Anziehung (Sympathie, Attraktion), Prozesse schnell und ohne nachdenken ablaufen können (LeDoux, 2003). Mithilfe bildgebender Verfahren konnte nachgewiesen werden, dass die Informationen der Sinnesorgane in diesen Fällen direkt zur Amygdala weitergeleitet werden, dem sogenannten Mandelkern, dem Ort im Gehirn, der für emotionale Prozessen eine wichtige Rolle spielt. In vielen anderen Situationen folgen Emotionen jedoch einem langsameren Weg, indem die Sinneseindrücke erst im Kortex des Gehirns analysiert und verarbeitet werden, bevor ein Befehl zur emotionalen Reaktion an die Amygdala gesendet wird (Ochsner et al., 2009).

1.2.2 Kognitive Bewertungstheorien der Emotionen

Können unsere Gedanken also doch unsere Emotionen steuern? Mit dieser Frage haben sich bereits Philosophen seit der Antike beschäftigt. Die heutige Antwort aus der Psychologie dazu ist eindeutig ja. Beginnend mit den Überlegungen von Magda Arnold (1970) haben sich die *kognitiven Bewertungstheorien* als eine der bekanntesten Gruppe von Emotionstheorien durchgesetzt. Vertreter*innen der kognitiven Bewertungstheorien nehmen an, dass Emotionen als Reaktionen auf kognitive Bewertungen von Objekten oder Situationen entstehen. Anders als in der James-Lange-Theorie wird also davon ausgegangen, dass nicht die Situation selbst eine direkte emotionale Reaktion auslöst, sondern die kognitive Bewertung der Situation in Bezug auf die jeweils vorherrschenden individuellen Bedürfnisse, bisherige Erfahrungen und Wertvorstellungen. Magda Arnold schreibt dazu: »It is the individual who sees, not the eye« (ebd., S. 178).

Ausschlaggebend für ihre Theorie war die Beobachtung, dass eine von außen betrachtet gleiche Situation bei unterschiedlichen Menschen unterschiedliche Emotionen hervorrufen kann. Dies ist mit der James-Lange-Theorie schwierig zu erklären. Manche Menschen haben große Angst vor Hunden, andere wiederrum finden sie faszinierend. Als naheliegende Erklärung schlug Arnold vor, dass die gleiche Situation von unterschiedlichen Personen unterschiedlich wahrgenommen und eingeschätzt wird. Dieser Ansatz wurde von Lazarus (1991a) und anderen Forschenden aufgenommen und weitergeführt. Die Grundannahme besteht darin, dass Menschen die Signale aus der Umwelt dahingehend einschätzen, ob diese potenziell bedrohlich sind und für die eigenen Ziele hinderlich oder förderlich. Emotionen werden somit als Reaktionen auf Ereignisse gesehen, die für uns überaus wichtig sind. *Welche Emotion genau* ausgelöst wird, hängt von der Bewertung der jeweiligen Situation ab. Dabei können diese Bewertungsprozesse automatisch ablaufen und müssen uns nicht unbedingt bewusst sein (Thayer & Lane, 2000).

Viele Forscher*innen gehen heute davon aus, dass die automatischen Bewertungen unablässig die Umgebung durchforsten und solche Situationen aufzeigen, die für das Wohlbefinden einer Person im Verhältnis zu ihren Bedürfnissen, Zielen, Ressourcen und Fähigkeiten hohe Bedeutung haben.

> **Beispiel**
>
> Wenn wir beim Joggen plötzlich erschrecken, weil wir denken, eine Schlange liege auf dem Weg, wird nahezu automatisch Angst einsetzen und wir bleiben abrupt stehen. Unser Herz beginnt heftig zu schlagen, die Pupillen weiten sich. Wenn wir dann daran denken, dass es so große Schlangen in unseren Breiten gar nicht gibt, und die vermeintliche Schlange genauer betrachten, stellen wir vielleicht fest, dass es sich nur um einen Ast handelt. Dennoch wird es einige Zeit dauern, bis der Körper sich wieder beruhigt hat. Die neue Bewertung kann dazu führen, dass die Angst vergeht und stattdessen bei dem Gedanken daran, wie ängstlich wir gerade reagiert haben, vielleicht Erleichterung oder Belustigung über uns selbst auftritt.

In diesem Beispiel wird die schnelle automatische Bewertung der Situation durch eine zweite, etwas langsamere Bewertung abgelöst, die dazu führt, dass auch die empfundene Emotion sich verändert (LeDoux, 2003). Bei der langsameren, reflektierten Bewertung sind wir uns unseres Bewertungsprozesses bewusst. Wir denken gezielt über die vorliegende Situation nach.

> **Beispiel**
>
> Wenn Sie als Sozialarbeiterin mitbekommen, dass Ihr Träger Sparmaßnahmen angekündigt hat, werden Sie die Situation wahrscheinlich als relevant einschätzen. Folglich setzen Bewertungsprozesse ein, die dazu führen, dass Sie der Situation entweder entspannt entgegensehen, wenn Sie beispielsweise denken, dass Ihnen der Job sowieso wenig Spaß gemacht hat, und Sie bereits mit dem Gedanken spielen, sich bei einem anderen Arbeitgeber zu bewerben; oder Sie werden eher besorgt sein, wenn Sie die Situation so einschätzen, dass Sie kein Mitspracherecht haben, auf den Job angewiesen sind und in der Vergangenheit bereits unfair mit Mitarbeitenden umgegangen wurde.

Was weiß man heute über diese kognitiven Bewertungsvorgänge? Es wird angenommen, dass es einige grundlegende Dimensionen gibt, anhand derer Menschen Situationen einschätzen. Basierend auf der Bewertung, ob ein Ereignis eine emotionale Relevanz hat (Scherer, 1999), folgen weitere Bewertungen dahingehend, ob das Ereignis grundlegend eher positiv oder negativ einzuschätzen ist, ob es kontrollierbar ist und ob man eher selbst für die Situation verantwortlich ist oder es eher andere Personen oder Umstände sind. Die verschiedenen kognitiven Bewertungstheorien unterscheiden sich in Bezug auf die Dimensionen oder Komponenten, die am Bewertungsprozess beteiligt sind, aber die meisten beinhalten die eben genannten Dimensionen: Relevanz, Valenz, Kontrollierbarkeit, Bedeutung für das Erreichen des eigenen Ziels und Verursacher*in.

Da diese Prozesse in der Regel schnell ablaufen und nicht beobachtbar sind, ist nach wie vor unklar, ob es eine typische Reihenfolge gibt, in der die Denkprozesse ablaufen, oder ob für jede Emotion alle Denkprozesse unbedingt notwendig sind. Inzwischen geht die Mehrheit der Forscher*innen aber davon aus, dass die Bewertung nicht einfach nur Auslöser von Emotionen ist, deren Aufgabe erledigt ist, sobald eine emotionale Reaktion erfolgt. Vielmehr spielt die Bewertung eine zentrale Rolle bei der weiteren Formung und Regulation der emotionalen Reaktion (Gross, 1999). Die heutige Forschung versucht weiter, das Wechselspiel zwischen Denken und Fühlen besser zu verstehen. Unbestritten ist, dass ähnliche Bewertungen von Situationen zu ähnlichen Emotionen führen. Herausgefunden wurde dies durch Studien, die beispielsweise Menschen in die gleiche standardisierte, teilweise sehr unangenehme Situation brachten und danach fragten, wie die Menschen über die Situation dachten und was sie fühlten. Die Personen, die ähnliche Gedankenmuster hatten, gaben in der nachfolgenden Befragung ähnliche Emotionen an und zeigten in der späteren Analyse auch ähnliche physiologische Reaktionsmuster (Mauss et al., 2005; Siemer et al., 2007). Wurden die Teilnehmenden in einer Studie beispielsweise gebeten, spontan einen Vortrag zu halten, berichteten diejenigen, die angaben, dass die Situation unfair sei, eher Ärger, während andere, die glaubten, dass sie selbst sich in diese Situation gebracht hatten, sich eher schämten. Diese und eine Vielzahl weiterer Studien legen die Vermutung nahe, dass kognitive Bewertungen zuständig dafür sind, welche emotionalen Reaktionen auf eine bestimmte Situation erfolgen.

Zusammengefasst deutet eine große Anzahl von Studien auf universelle Muster im Verhältnis zwischen Bewertung und Emotion hin. Es erscheint auch aus evolutionärer Perspektive wenig sinnvoll, dass diese für jede Person unterschiedlich sein sollten. Im folgenden Kasten wird anhand von methodischen Paradigmen, die Emotionsforscher*innen in der Vergangenheit genutzt haben, der Zusammenhang von Bewertung und Emotion veranschaulicht.

Der Zusammenhang zwischen Bewertung und Emotion

Viele Forschende stellten sich folgende Fragen: In welchem Verhältnis stehen die Bewertung einer Situation und die erlebten Emotionen? Gibt es universelle Muster und Zusammenhänge?

Methoden:

- Befragte sollen zu *einer Emotion* ein Ereignis erinnern, aufschreiben und benennen, welche Gedanken zu dieser Emotion geführt haben.
- Befragte erhalten *Beschreibungen von Situationen* und sollten sich vorstellen, wie sie sich fühlen würden.
- Befragte werden in *verschiedene Situationen* gebracht und nach ihren Bewertungen und Emotionen befragt.

> Die Ergebnisse dieser Studien zeigen, dass bestimmte Denkmuster, sogenannte Schlüsselszenarien, mit konkreten Emotionen assoziiert sind (s. Beispiele in ▶ Tab. 1).

1.2.3 Emotionale Schlüsselszenarien

In einigen Bereichen der Psychologie wird von sogenannten Schlüsselszenarien (Glasenapp, 2014) gesprochen, die dafür zuständig sind, ganz konkrete Emotionen auszulösen. Diese Schlüsselszenarien beschreiben sozusagen das Kernthema einer Emotion (Lazarus, 1991a). Gemeint ist damit, dass es prototypische Bewertungen von Situationen gibt, die eng mit einer Emotion verbunden sind. So ist das Schlüsselszenario für Trauer die Einschätzung, etwas verloren zu haben, oder das Schlüsselszenario von Angst, bedroht zu werden und das eigene Ich schützen zu müssen. Viele diskrete Emotionen und ihre Familie, beispielsweise Angst (inklusive Furcht, Bammel oder Schreck), scheinen über ein zentrales Kernthema definiert zu sein. Wird eine Situation bewertet, die ein Schlüsselszenario aktiviert, werden mit hoher Wahrscheinlichkeit die entsprechende Emotion und ein dazu passender Verhaltensimpuls aktiviert.

Tab. 1: Übersicht über Schlüsselszenarien, das heißt spezifische Bewertungen und Wahrnehmungen von Situationen, die mit konkreten Emotionen assoziiert sind, eigene Darstellung, angelehnt an Smith & Lazarus (1993, S. 238)

Emotion	Schlüsselszenario
Ärger	Herabwürdigungen/Diskriminierungen gegenüber mir und »meinesgleichen«
Angst	Erleben einer ungewissen und/oder existenziellen Bedrohung
Schuld	Wahrnehmung, gegen moralische Normen einer Gruppe verstoßen zu haben, der man sich zugehörig fühlt
Scham	einem Ideal nicht gerecht werden können; Erwartungen nicht erfüllen können
Trauer	etwas endgültig verlieren
Neid	Verlangen nach etwas haben, das jemand anders besitzt
Ekel	Erleben, dass mir etwas Unverträgliches zu nahe kommt
Glück	ein Ziel erreichen oder dahingehend wahrnehmbare Fortschritte machen
Stolz	Wertschätzung für eine persönliche oder kollektive Leistung erfahren
Erleichterung	Wegfallen oder Abnehmen einer Belastung
Liebe	gegenüber anderen Menschen Zuneigung empfinden (die nicht zwingend erwidert werden muss)
Mitgefühl	einem Menschen in einer scheinbar ausweglosen Situation helfen wollen

Je häufiger wir im Leben in ähnliche Situationen geraten, desto stärker werden diese Schlüsselszenarien im Gehirn verankert und desto schneller und automatischer laufen diese im weiteren Leben ab. Ähnliche Situationen werden nahezu ähnliche Gedanken und automatisch ähnliche Emotionen auslösen (emotionale Schemata). Dabei sind es vor allem negative Erfahrungen, die uns im Laufe des Lebens Schwierigkeiten bereiten. Situationen, die von anderen Menschen vielleicht als nicht relevant eingeschätzt und vielleicht sogar übersehen werden, können für Menschen, die bereits starke Schlüsselszenarien abgespeichert haben, eine ganz andere Bedeutung haben.

> **Beispiel**
>
> Kinder, die bereits mit Gewalt in Berührung gekommen sind, werden eine Situation, in der eine Sozialarbeiterin vielleicht etwas ungehalten reagiert, mit hoher Wahrscheinlichkeit automatisch als hochrelevant und potenziell bedrohlich einschätzen und eher mit Angst reagieren als Kinder, die wenig solcher Schlüsselmomente erlebt und solche Muster (emotionale Schemata) nicht gelernt haben.

Aus diesem Grund vermuten einige Wissenschaftler*innen heute, dass viele psychische Probleme und Erkrankungen und auch wiederkehrende Partnerschaftskonflikte im Grunde emotionale Störungen sind. Eine Bearbeitung dieser Problematiken ist ohne das Bewusstsein dafür, welche Rolle die eigenen Schlüsselszenarien spielen, kaum möglich. Wie sehr lassen wir zu, dass diese Schemata und Zustände unsere Emotionen in Gegenwart und Zukunft weiter beeinflussen?

Wie oben erwähnt geht die Mehrheit der Bewertungstheoretiker*innen davon aus, dass die Bewertung nicht einfach nur Auslöser von Emotionen ist, deren Aufgabe erledigt ist, sobald eine emotionale Reaktion erfolgt. Vielmehr spielt die Bewertung eine zentrale Rolle bei der weiteren Formung und Regulation der emotionalen Reaktion (Gross, 1999). Doch was ist mit kognitiver Bewertung *(appraisal)* eigentlich gemeint?

> **Kognitive Bewertungen**
>
> Kognitive Bewertungen sind Werturteile, bewusste oder unbewusste Denkprozesse, die aufgrund unserer Lerngeschichte oder unserer angeeigneten Art zu denken gefällt werden. Je häufiger wir in ähnliche Situationen geraten, desto schneller und automatischer laufen diese Denkmuster ab und führen somit zu ähnlichen Emotionen.

Wenn wir davon ausgehen, dass die Art und Weise unseres Denkens unsere Emotionen maßgeblich beeinflusst, dann unterstellen wir, dass eine Änderung des Denkens helfen kann, andere Emotionen hervorzurufen. Dieser Ansatz liefert den Grundstein für viele Beratungs- und Therapieangebote, denn im Alltag sind uns diese Prozesse oftmals nicht bewusst. Für Sozialarbeiter*innen kann es jedoch äußerst hilfreich sein, den Zusammenhang von Kognition und Emotion gut zu verstehen. So können Klient*innen über große Angst vor bestimmten Situationen berichten (z. B. Angst, allein einkaufen zu gehen), obwohl sie »wissen«, dass diese eigentlich harmlos sind. Genauso kann es passieren, dass Sozialarbeiter*innen einen neuen Klienten auf Anhieb weniger mögen als eine andere Klientin und diesem gegenüber eine größere räumliche Distanz wahren. Diese automatischen emotionalen Reaktionen lassen sich nicht einfach verändern, sondern erfordern eine gedankliche Auseinandersetzung mit der Situation, bei der neue Bewertungen, Emotionen oder alternative Umgangsweisen erlernt werden können. Das Wissen um diese Muster und Prozesse erleichtert die Interaktion mit Klient*innen, da es sowohl zur Regulation eigener Emotionen genutzt als auch an Klient*innen weitergegeben werden kann – zur Unterstützung der eigenen Arbeit wie auch zum Nutzen der Klient*innen selbst. So kann systematisch und strukturiert Wissen über emotionales Erleben vermittelt werden. Menschen haben somit die Möglichkeit, sich nicht als Opfer ihrer eigenen Emotionen zu sehen, sondern diese auch aktiv selbst zu gestalten. Eine Idee dazu finden Sie im nachfolgenden Kasten.

> **Übung**
>
> **Schritt 1:** Denken Sie an eine Situation, die intensive Emotionen in Ihnen aktiviert hat. Beschreiben Sie die Situation in wenigen Worten.
>
> - Kognition: Schreiben Sie auf, welche Gedanken Ihnen in der Situation durch den Kopf gingen.
> - Emotion: Schreiben Sie auf, was Sie gefühlt haben.
> - Verhalten: Schreiben Sie auf, was Sie getan haben oder tun wollten.
>
> **Schritt 2:** Versuchen Sie sich die Situation erneut vorzustellen und überlegen Sie, welche Gedanken und Bewertungen noch möglich wären.
>
> - Kognition: Welche anderen Bewertungen und Sichtweisen wären möglich?
> - Emotion: Was würden Sie fühlen, wenn Sie diese Gedanken hätten? Verhalten: Welches Verhalten könnte daraus folgen?

1.2.4 Evolutionäre Ansätze: Welche Funktionen haben Emotionen?

Warum haben wir überhaupt Emotionen? Wäre es nicht auch denkbar, ohne Emotionen durchs Leben zu gehen? Wenn wir derartige Fragen stellen, fragen wir danach, welche Funktion Emotionen haben.

Bis vor nicht allzu langer Zeit wurde die Funktion von Emotionen hauptsächlich im Zusammenhang mit dem individuellen Überleben betrachtet. Emotionen wurden als evolutionäre Anpassungen angesehen, die dem Einzelnen halfen, Gefahren zu erkennen, auf sie zu reagieren und somit seine Überlebenschancen zu erhöhen (z. B. Lazarus, 1991b; Tooby & Cosmides, 2008). In dieser Hinsicht waren Angst, Wut, Freude und Trauer als Reaktionen auf bedrohliche oder belohnende Umweltreize von entscheidender Bedeutung.

Allerdings hat sich in der modernen Forschung ein erweiterter Blick auf die Funktion von Emotionen entwickelt. In den letzten Jahrzehnten haben Wissenschaftler*innen, insbesondere aus der Sozialpsychologie, begonnen zu betonen, dass Emotionen nicht nur auf individueller Ebene, sondern auch auf sozialer Ebene von Bedeutung sind. Ihre Untersuchungen und Theorien deuten darauf hin, dass Emotionen eine wesentliche Rolle dabei spielen, das *soziale Überleben* in Gruppen zu sichern und zu fördern. Denn Emotionen sind nicht nur subjektive Erfahrungen, die in einem Vakuum existieren. Sie beeinflussen unsere sozialen Interaktionen, unsere Kommunikation und unsere Bindungen zu anderen Menschen.

Die *klassische Perspektive* auf die Funktionalität von Emotionen ist, dass sie die Wahrscheinlichkeit des Überlebens und/oder der Fortpflanzung eines Individuums erhöhen. Emotionen werden als Produkt evolutionärer Prozesse und damit als eine Anpassung zum Zweck der Bewältigung von Herausforderungen betrachtet. Die Annahme ist, dass Emotionen in dem Sinne funktional sind, als sie Menschen helfen, Probleme zu überwinden, Ziele zu erreichen und das Überleben zu sichern (z. B. Lazarus, 1991b; Levenson, 1999; Cosmides & Tooby, 2000). Die Angst vor Schlangen ist beispielsweise insofern adaptiv, als Individuen, die die Fähigkeit haben, solche Angst zu empfinden, mit größerer Wahrscheinlichkeit wachsam sind und dadurch dem Biss einer Schlange eher entgehen (Cosmides & Tooby, 2000).

Seit einigen Jahren wird in der Psychologie verstärkt die *Idee des sozialen Überlebens* betont. Gemeint ist die Fähigkeit von Menschen, Emotionen zu kommunizieren und mit anderen zu teilen. Sie regulieren die Interaktion mit anderen Menschen und sind nützlich, wenn es darum geht, neue soziale Beziehungen einzugehen. In diesem Zusammenhang interessant ist der Umstand, dass eine der größten Ängste von Menschen darin besteht, öffentlich vor anderen Menschen sprechen zu müssen (Glossophobie). Erst an zweiter Stelle nennen Menschen in Umfragen die Angst vor dem Tod (Croston, 2012). Dabei sprechen wir den ganzen Tag, ohne mühsam darüber nachzudenken, mit anderen Personen. Es geht also nicht um das Sprechen an sich, sondern um das Sprechen in der Öffentlichkeit. Die eigentliche Angst scheint die Sorge davor zu sein, zurückgewiesen zu werden, weil wir dumm oder albern erscheinen. Aus funktionaler Perspektive ist dies naheliegend. Die frühen Menschen überlebten durch ihren Verstand und ihre Fähigkeit, als Gruppe zusammenzuarbeiten. Diejenigen, die kooperierten und anderen in ihrer Gruppe halfen, überlebten mit einer höheren Wahrscheinlichkeit und gaben Eigenschaften weiter, die zum Sozialverhalten beitrugen. Ein Ausschluss aus der Gruppe war für die frühen Menschen wahrscheinlich der Untergang. Auch heute noch empfinden Menschen alles, was ihren sozialen Status bedroht, als ein sehr großes Risiko. Ächtung führt sozusagen zu einer Form des »sozialen Todes« (Wesselmann et al., 2015; Williams & Nida, 2011). Somit haben emotionale Ausdrücke drei wichtige Funktionen innerhalb sozialer Interaktionen: Sie liefern anderen Personen wichtige Informationen, sie dienen als Anreiz für soziales Verhalten und sie rufen bei Beobachter*innen bestimmte soziale Reaktionen hervor (Keltner & Kring, 1998; van Kleef, 2016).

Emotionen helfen uns insofern, als wir durch sie Freundlichkeit und Wohlwollen über Lächeln ausdrücken können und fähig sind, Interesse, Sympathie, Mitgefühle oder Liebe zu empfinden. Diese angenehmen Emotionen motivieren uns, Nähe zu anderen zu suchen und mit ihnen in Beziehung zu treten (*Annäherungsfunktion*, vgl. Fischer & Manstead, 2016). Der Mensch ist ein soziales Lebewesen, das auf Bindungen zu anderen Menschen angewiesen ist (Leary & Baumeister, 1995). Die Bedeutung sozialer Bindungen wird heutzutage beispielsweise durch das große Wachstum und die Nutzung sozialer Medien verdeutlicht. Diese bieten die Möglichkeit, mit einer unglaublich großen Anzahl von Menschen verbunden zu sein. Damit knüpfen soziale Medien direkt an unsere emotionalen Bedürfnisse an: Indem wir lustige Videos anschauen oder mit Freunden kommunizieren, können wir unsere Langeweile vertreiben und uns ein gutes Gefühl verschaffen. Die endlosen Timelines vermitteln das Gefühl, mit der Welt verbunden zu sein.

Emotionen gelten in dieser Theorietradition als Kitt, der Menschen in Beziehungen, Gruppen und Gesellschaften zusammenhält. Es gibt Hinweise darauf, dass die Häufigkeit und Intensität erlebter Emotionen mit der Intimität der Beziehung zunimmt. Aber auch im Arbeitskontext spielen Emotionen eine Rolle, beispielsweise indem positive Emotionen, die mit dem Arbeitsplatz assoziiert sind, zum Wohlbefinden und der Gesundheit von Mitarbeiter*innen beitragen (z. B. Fredrickson, 2003). Auch Dankbarkeit, die im Arbeitskontext geäußert und von Mitarbeitenden wahrgenommen wird, kann dazu beitragen, stärkere Beziehungen innerhalb eines Teams aufzubauen (Algoe et al., 2020).

Faszinierenderweise kann selbst der Ausdruck einer als »negativ« betrachteten Emotion zu verstärkter Nähe führen. Beispielsweise signalisiert Traurigkeit, begleitet von Tränen, das Bedürfnis nach Unterstützung und Trost. Untersuchungen belegen, dass Menschen tatsächlich eher Hilfe leisten und unterstützen, wenn jemand weint oder Anzeichen von Traurigkeit zeigt (z. B. Coke et al., 1978). Eine wichtige Randbedingung für die soziale Funktionalität von Emotionen besteht darin, dass die Emotion in ihrem jeweiligen Kontext als angemessen wahrgenommen wird. Beispielsweise werden Personen, die »zu glücklich« aussehen oder deren Lächeln als unpassend interpretiert wird, als unauthentisch eingeschätzt (z. B. Maringer et al., 2011). Gerade in Beratungssituationen, in denen Authentizität als ein zentrales Merkmal gilt (Rogers, 2007), birgt Inkongruenz ein hohes Risiko. Unpassende emotionale Signale wie Tonfall, Mimik und Gestik, die nicht der Situation angemessen sind, wirken sich negativ auf Klient*innen aus und bergen die Gefahr, dass diese sich nicht verstanden fühlen (▶ Kap. 3.1).

Emotionale Äußerungen in zwischenmenschlichen Kontexten dienen nicht immer dazu, die Beziehungsnähe zu erhöhen. Tatsächlich bewirken Emotionen wie Wut, Verachtung, Ekel oder Angst vor einer anderen Person das Gegenteil und vergrößern die soziale Distanz (*Distanzierungsfunktion*, vgl. Fridlund, 2014). Innerhalb von Gruppen dienen Emotionen auch dazu, mit anderen um sozialen Status und Macht zu konkurrieren. Aus dieser Perspektive lässt sich insbesondere die Wahrnehmung und der Ausdruck von *Stolz* als ein Produkt evolutionärer Prozesse betrachten. Stolz tritt auf, wenn Menschen sich auf sich selbst konzentrieren, und basiert auf der Bewertung, einen Erfolg oder Sieg verdient zu haben und somit anderen überlegen zu sein (Harth, 2020). Stolz stellt sich also in Situationen ein, die vorteilhafte soziale Vergleiche beinhalten. Menschen fühlen sich stolz, wenn sie sich im Vergleich zu anderen als besonders fähig, kompetent, geschickt oder angesehen betrachten. Der Ausdruck des Stolzes umfasst ein kleines Lächeln, einen leicht nach hinten geneigtem Kopf, eine gestreckte Körperhaltung und ausgestreckte Arme mit den Händen auf den Hüften (für Bilder vgl. Tracy & Robins, 2008). Aus evolutionärer Sicht ist Stolz eine psychologisch wichtige und adaptive Emotion. Sie signalisiert sozialen Status. So glaubten Personen, wenn sie gefragt wurden, dass eine *stolze* Zielperson im Vergleich zu einer *dankbaren* Person eher Firmenchef*in als Firmenangestellte*r sei (Tiedens et al., 2000). Personen, die sich stolz zeigen, werden von anderen als dominant und kompetent eingeschätzt. Die Äußerung von Stolz ist eine Möglichkeit, mit der sozialen Welt zu kommunizieren, insbesondere um den sozialen Status einer Person auszuhandeln und zu erhalten. Dies spiegelt sich auch in dem durch diese Emotion ausgelösten Verhalten wider. Im Allgemeinen sind stolze Menschen bestrebt, sich anzustrengen, um ihre Leistungen aufrechtzuerhalten. Stolz hat aber auch Schattenseiten. Stolze Menschen konzentrieren sich besonders auf ihren eigenen Status und Erfolg. Gruppenmitglieder, die über ein hohes Maß an Stolz berichteten, neigen dazu, die eigene Gruppe zu bevorzugen, anstatt Ressourcen mit Bedürftigen zu teilen (Harth et al., 2008).

Ein extremeres Beispiel ist die *Verachtung*. Der Ausdruck dieser Emotion führt häufig zum sozialen Ausschluss des Objekts der Verachtung (Fischer & Giner-Sorolla, 2016). Ziel der Emotion ist es, deutlich zu machen, dass die andere Person minderwertig oder sogar wertlos ist, um so die eigene soziale Position oder den eigenen Status als Einzelperson oder als Gruppenmitglied zu verbessern. Die Enttäuschung über eine andere Person ist weniger extrem als die Verachtung, hat aber eine ähnliche Funktion, da sie impliziert, dass die andere Person den gestellten Erwartungen nicht gerecht wird und somit ihr Ansehen verlieren kann.

Auch *Ärger* gehört zu den Emotionen, die mit Macht und Status assoziiert sind. In vielen sozialen Situationen kann das Zeigen von Ärger als Ausdruck von Selbstbewusstsein und Dominanz interpretiert werden. Menschen, die ihren Ärger offen zeigen, werden oft als durchsetzungsfähig und bestimmend wahrgenommen, was sich positiv auf ihre soziale Stellung auswirken kann. Allerdings ist der Zusammenhang hier etwas komplexer. So zeigen Studien beispielsweise, dass Ärger stark an *traditionelle Geschlechterrollen* geknüpft ist. Es stellt sich die Frage, wer seinem Ärger Ausdruck verleihen darf.

Studien haben darauf hingewiesen, dass Ärger bei Frauen bzw. weiblich gelesenen Personen möglicherweise anders wahrgenommen wird als bei Männern bzw. männlich gelesenen Personen (*anger bias*, ▶ Kap. 4.1). Frauen, die Ärger ausdrücken, werden eher sozial sanktioniert und als wankelmütig oder emotional betrachtet, während ärgerliche Männer in der gleichen Situation als durchsetzungsfähig gelten (z. B. Tiedens, 2001; Brescoll & Uhlmann, 2008). Wahrscheinlich sind diese Wahrnehmungsunterschiede auf stereotype Geschlechterrollen zurückzuführen, die bestimmte *emotionale Verhaltenserwartungen* an Frauen und Männer beinhalten. So sollen Frauen typischerweise keinen Ärger zeigen und Männer nicht weinen. Insgesamt ist der Zusammenhang zwischen Ärger und Status von einer Vielzahl von Faktoren abhängig, einschließlich der Kultur, der geltenden Norm und der Art und Weise, wie Ärger ausgedrückt wird.

Zusammengefasst lässt sich feststellen, dass die Funktionen von Emotionen vielfältig sind. Sie dienen jedoch vor allem 1) der *Anpassung an und Bewältigung* von äußeren Situationen (z.B. Angst als Überlebensvorteil), 2) der *Regulation sozialer Beziehungen*, insbesondere der *Annäherung* an Personen (z.B. Liebe) oder ihrer *Vermeidung* (z.B. Ekel), und 3) innerhalb von Gruppen zur Anzeige des *sozialen Status bzw. von Macht* (z.B. Stolz).

Exkurs: Die Diskussion um sogenannte Basis- oder Grundemotionen

Die Sichtweise, dass eine festgelegte Anzahl an sogenannten »Grund- oder Basisemotionen« existiert, hat sich seit der frühen Forschung von Paul Ekman weiterentwickelt und erfuhr einige kritische Überlegungen und Verfeinerungen. Ekman prägte die Idee, dass es eine begrenzte Anzahl universeller, kulturübergreifender Grundemotionen gebe, die in Gesichtsausdrücken und Körpersprache zum Ausdruck kommen (Ekman & Friesen, 2003). Diese sogenannten Grundemotionen wie Wut, Freude, Trauer, Angst, Verachtung, Überraschung und Ekel wurden als biologisch angeboren und kulturübergreifend angesehen. Es wurde angenommen, dass die Wahrnehmung bedeutsamer Umweltreize über evolutionär alte Gehirnstrukturen emotionale Prozesse aktiviert. Als Beispiel nennt Izard (2007) das vertraute Gesicht der Mutter, das beim Kind Freude auslöst. Wahrscheinlich haben die meisten von Ihnen bereits in irgendeinem Lehrbuch eine Abbildung dieser Emotionsgesichter gesehen. In der Zwischenzeit sind andere Forscher*innen zu unterschiedlichen Zahlen von Grundemotionen gekommen und die Kriterien zur Bestimmung dieser Grundemotionen zeigen wenig Einheitlichkeit (Schmidt-Atzert et al., 2014, S. 33).

Mittlerweile hat sich die Erforschung von Emotionen weit über den prototypischen *(Gesichts-)Ausdruck* von sieben (Grund-)Emotionen hinaus entwickelt. Dies wurde bereits von Ekman selbst vorweggenommen, der feststellte, dass die Bewegung der Gesichtsmuskeln nur *eine* Form des Ausdrucks ist (Ekman, 2017). Wissenschaftler*innen argumentieren heute, dass wir, wenn wir von der Universalität von (Grund-)Emotionen ausgehen möchten, auch andere Emotionsäußerungen berücksichtigen müssen, wie etwa die Stimme eines Menschen oder zwischenmenschliche Berührungen (z.B. das Anfassen der Schulter bei Mitgefühl als nahezu universelle Geste, vgl. Hertenstein et al., 2009). Man setzt heute also auf die *multimodale Beobachtung von Emotionen*, die mehr beinhaltet als Mimik und Gestik. Denn wenn wir mit anderen interagieren, nutzen wir verschiedene Kommunikationskanäle, darunter nonverbale Äußerungen durch Mimik, Gestik, Stimme und Körperhaltung. Dabei ist die Stimme ein besonders wichtiges Kommunikationsmittel. Es hat sich gezeigt, dass die menschliche Stimme emotionale Zustände vermittelt, die jeweils durch ein einzigartiges akustisches Profil gekennzeichnet sind. Eine Reihe von Studien unterstützt die Vorstellung, dass negative Emotionen wie etwa Wut und Angst von emotionsspezifischen Mustern akustischer Merkmale begleitet werden (z.B. Banse & Scherer, 1996; Juslin & Laukka, 2001; Pollermann & Archinard, 2002). Somit gilt die Sichtweise, dass es eine festgelegte Anzahl sogenannter Grundemotionen gebe, die man (nur) anhand des *Gesichtsausdrucks* unterscheiden kann, als veraltet und nicht weiterführend. Die meisten Forschenden erkennen stattdessen an, dass zusätzlich zur Mimik und Gestik weitere Merkmale (Multimodalität) berücksichtigt werden müssen, und sind offen für die Idee, dass der Nachweis der kulturübergreifenden Ähnlichkeit auch durch kulturelle statt durch evolutionäre Prozesse erklärt werden könnte – eine These, die in der heutigen Welt der gemeinsamen Kultur im Internet umso plausibler ist.

In der Folge haben viele Emotionsforscher*innen begonnen, sich auf die Untersuchung der verschiedenen Dimensionen von Emotionen zu konzentrieren, anstatt sie in starre Kategorien (Grundemotionen) zu unterteilen. Diese Ansätze betonen, dass Emotionen eher in einem kontinuierlichen Spektrum existieren, in dem sich verschiedene Emotionen miteinander vermischen können. Zusätzlich hat die neuere Forschung betont, dass individuelle Unterschiede und Kontexte eine wichtige Rolle bei der Auslösung, dem Ausdruck und der Interpretation von Emotionen spielen. Insgesamt hat sich die Emotionsforschung von einer starren Betrachtung von Basisemotionen zu einer differenzierteren und kontextbezogenen Perspektive entwickelt, die die Vielfalt und Komplexität menschlicher Emotionen besser erfassen möchte.

2 Emotionen im Spiegel unterschiedlicher Wissenschaften – Perspektiven und Felder der Emotionsforschung

> **☞ Was Sie in diesem Kapitel lernen können**
>
> Die Betrachtung der sozialen Effekte und Erscheinungsformen von Emotionen – z. B. ihre Rolle in Hinblick auf gesellschaftlichen Zusammenhalt oder auch im Kontext von Handlungsmotivationen – beschäftigt ganz unterschiedliche wissenschaftliche Disziplinen, wenn auch mit zum Teil sehr unterschiedlichen Fragestellungen. Im Fokus stehen dabei Fragen danach, wie Handlungen zustande kommen und welche Rolle Emotionen dabei spielen, aber auch welche Effekte Handlungen und Entscheidungen in ganz unterschiedlichen Sphären von (modernen) Gesellschaften – wie Wirtschaft, Soziales, Politik, Glauben – haben können. Dabei geht es sowohl um die Mikroebene (Akteur*innen und ihre Beziehungen) als auch um die Mesoebene (Gruppen oder Institutionen) sowie die Makroebene (Gesellschaften bzw. gesellschaftliche Teilsysteme).
>
> Im Folgenden werden wir exemplarisch verdeutlichen, wie unterschiedliche Wissenschaftsdisziplinen auf Emotionen schauen und mit welchen Fragestellungen sie sich diesem Gegenstand nähern.
>
> Dabei beschränken wir uns hier auf die Soziologie und Psychologie als Bezugswissenschaften der Sozialen Arbeit sowie auf spezielle Beiträge aus der Geschichtswissenschaft, bevor wir uns im darauffolgenden Kapitel 3 mit der Betrachtung von Emotionen in der Wissenschaft der Sozialen Arbeit im engeren Sinne befassen.

2.1 Soziologie – Emotionen und soziales Handeln

Folgt man Konstanze Senge (2013, o. S.), breitete sich im 21. Jahrhundert ein *emotional turn* aus, der sich als »disziplinübergreifend« erweist und sich zum Beispiel als deutliches Interesse an dem »Gefühlsleben« von Individuen in der Gesellschaft ausdrückt. Im Speziellen lässt sich dieser *turn* jedoch in den »durch Kalkulation und Berechnung dominierten Bereichen wie Wirtschaft und Management« ausmachen (ebd.).

In diese Entwicklung bettet Senge dann auch die Etablierung der Emotionssoziologie als Subdisziplin der Soziologie ein, wobei im Vergleich der nordamerikanischen, europäischen und deutschen Debatte Unterschiede in der Konturierung einer eigenständigen Subdisziplin ausgemacht werden können.

Die Gründungsjahre der eigenständigen soziologischen Befassung mit Emotionen siedelt Senge in den 1970er Jahren in Nordamerika an. Auch wenn sich in als Klassiker der Soziologie bezeichneten Werken (z. B. bei Simmel oder Durkheim) bereits eine Auseinandersetzung mit Emotionen nachzeichnen lässt, waren die bis dato prägenden soziologischen Prämissen eher durch einen mehr oder weniger »impliziten Kognitivismus« geprägt (Senge, 2013, S. 13). Damit wurde die Bedeutung von Emotionen für die gesellschaftliche Ordnungsbildung und für Handlungen bzw. Handlungsmotivationen stark vernachlässigt und unterschätzt. Dies traf beispielsweise auf den funktionalistischen Ansatz von Parsons zu, der Emotionen eher als Hindernis für eine (instrumentelle) Zielerfüllung verstand und sie damit als zu vernachlässigende Größe »für das Zustandekommen sekundärer Institutionen in modernen Gesellschaften« begriff und Handlungsmotivationen als »durch ›affective neutrality‹ geprägt« verstand (ebd.).

In den frühen 1970er Jahren änderte sich diese Betrachtungsweise in der Soziologie allerdings und der funktionalistische Ansatz wurde zum Beispiel aus interaktionstheoretischer Perspektive heraus stark kritisiert. Mit gesellschaftlichen Ereignissen und Entwicklungen wie dem Vietnamkrieg, aber auch dem Entstehen von neuen sozialen Bewegungen rückten in der Gesellschaftswissenschaft Soziologie neue Fragen in den Vordergrund. Damit stieg das wissenschaftliche Interesse an Konflikten und gesellschaftlichen Widersprüchen, Prozessen und Bewegungen. Es ging um die (Weiter-)Entwicklung von Konflikttheorien und so traten die Rolle von Emotionen bzw. »emotionale Energien« und deren Bedeutung für die »Stratifikation moderner Gesellschaften« ins Zentrum der Aufmerksamkeit (ebd., S. 14).

Dazu etablierten sich weitere Themenfelder, in denen die Rolle von Emotionen soziologisch untersucht wurde. Einen Schwerpunkt bildeten Arbeiten, die sich mit Emotionen in Arbeitsprozessen und Organisationen auseinandersetzten: Bis heute rezipiert wird die Studie »The Managed Heart. Commercialization of Human Feeling« (1983) von Arlie Russell Hochschild, in der sie mittels eines dramaturgischen Ansatzes untersucht, wie Emotionen in Dienstleistungsberufen als Teil der verkauften Arbeitskraft präsentiert und gemanagt werden müssen (▶ Kap. 3.2).

Ab den 1980er Jahren kamen Beiträge hinzu, denen es um integrative Perspektiven ging. Dies traf zum Beispiel auf den Ansatz von Thomas Scheff zu, der eine psychoanalytisch-interaktionistische Perspektive auf Emotionen einnahm und so versuchte, die verschiedenen Herangehensweisen miteinander ins Gespräch zu bringen. Für diese »Pionierphase« der US-amerikanischen Emotionssoziologie bilanziert Senge, dass

> »[d]ie turbulenten Zeiten der 1970er und 1980er Jahre, das Aufleben der Frauenbewegung, der Friedensbewegung und des ›Black Movement‹ zeigten, wie wichtig die menschliche emotionale Verfassung für das gesellschaftliche Zusammenleben war« (Senge, 2013, S. 15).

Diese ersten emotionssoziologischen Arbeiten interessierten sich letztlich für die Zusammenhänge zwischen Emotionen, Identität und sozialer Ordnungsbildung. Auf diese Pionierphase folgte eine der Professionalisierung und Verstetigung; themenspezifische Konferenzen wurden durchgeführt und Netzwerke und Vereinigungen gegründet.

In Europa setzte der *emotional turn* zeitverzögert ab ca. Mitte der 1990er Jahre ein, also zehn bis 15 Jahre später. Die ersten Beiträge kamen vor allem aus Großbritannien und Skandinavien, ohne dass ein klarer einheitlicher Fokus erkennbar gewesen wäre (ebd., S. 16 ff.). Zur Etablierung und Durchsetzung emotionssoziologischer Konzepte und Fragestellungen in Deutschland trugen die Arbeiten von Brigitte Nedelmann, Jürgen Gerhards oder auch Helmut Kuzmics bei (vgl. im Überblick dazu Senge, 2013, mit entsprechenden Nachweisen). Als weitere wichtige Protagonist*innen der deutschen sowie europäischen Emotionssoziologie sind zudem Sighard Neckel (»Status und Scham«, 1991) sowie Helena Flam (»The Emotional ›Man‹«, 1990a; 1990b) zu nennen, die »von Beginn an bis heute das Feld mit zahlreichen Publikationen prägten und prägen« (Senge, 2013, S. 18). Senge vermutet, dass die zunehmende Auseinandersetzung mit Emotionen in den 1990er Jahren möglicherweise auch durch die weitgreifenden gesellschaftlichen Umbrüche und Transformationen in sozialistischen bzw. kommunistischen Staaten geprägt war. Beginnend Mitte der 2000er Jahre nimmt sie eine neuere Entwicklung wahr, mit der sich eine »zweite Generation deutscher Emotionssoziologen« etablierte (vgl. Senge, 2013, mit entsprechenden Nachweisen). Angesichts historischer Ereignisse wie dem Terroranschlag auf das World Trade Center und dem in der Folge erklärten »Krieg gegen den Terrorismus«, aber auch im Licht »neue[r] wissenschaftliche[r] Erkenntnisse in den Kognitionswissenschaften« und eines damit in Zusammenhang stehenden Umdenkens in der Ökonomie kam es zu einer »neuen Problematisierung emotionaler Mächte« (ebd., S. 18).

Aufgrund der vielfältigen Themenstellungen bleibt zu fragen, was denn nun eigentlich den Kern der Emotionssoziologie ausmacht, was der Gegenstand dieser soziologischen Subdisziplin ist. Laut Senge ist die Emotionssoziologie selbst Teil und Ausdruck des *emotional turns* und der Wiederentdeckung der Gefühle. Sie habe sich damit einem Bereich zugewendet, »der sich seit jeher gegen eine wissenschaftliche Durchdringung widerspenstig gesperrt hat« (ebd., S. 12).

Ob dies auf Emotionen insbesondere zutrifft, sei dahingestellt – aber mit Blick auf die Frage, was »die Emotionssoziologie gegenüber anderen Disziplinen für ein besseres oder anderes Verständnis von Emotionen« leisten kann, verweist Senge auf die

> »Aufgabe, ihrerseits ein Modell zu erarbeiten, welches sowohl die primären, unkonditionierten als auch die kulturell und kognitiv geprägten Emotionen integrieren kann, welches offen ist für verschiedene Funktionen emotionalen Erlebens, welches soziale Beziehungen und Prozesse mittels der Zuhilfenahme von Emotionen besser verstehen und erklären kann sowie vice versa und vor allem welches Emotionen als eigene, gesellschaftlich hochrelevante, soziologische Kategorie begreift, die sich gerade nicht in den Rahmen einer Subdisziplin ausgrenzen lässt. Dies setzt voraus, dass die Emotionssoziologie zu den zentralen soziologischen theoretischen Kategorien Stellung bezieht« (Senge, 2013, S. 26).

Letztlich könne eine dezidiert soziologische Auseinandersetzung mit Emotionen sowohl dazu beitragen, das Verhältnis von Emotionen und sozialen Beziehungen zu ergründen, und dabei auf »die kulturelle Prägung von Emotionen durch Deutungsmuster, Diskurse und Normen« eingehen als auch Zusammenhänge zwischen

»Gesellschaftswandel und Emotionskulturen, Rollenbildern und Identitätserwartungen« analysieren (ebd., S. 27).

2.2 Geschichtswissenschaft – Emotionen haben und machen Geschichte

Neben der Soziologie beschäftigt sich auch die Geschichtswissenschaft mit der Erforschung von Emotionen. So etablierte sich unter der Leitung von Ute Frevert am renommierten Max-Planck-Institut (MPI) ein eigener Forschungsbereich zur »Geschichte der Gefühle«, der seit Januar 2008 aktiv ist. Die assoziierten Wissenschaftler*innen untersuchen dabei (interdisziplinär) die Rolle von Gefühlen in der Vergangenheit und deren Einfluss auf historische Entwicklungen. Kernfragen wie »Haben Gefühle eine Geschichte?« und »Machen Gefühle Geschichte?« stehen dabei im Mittelpunkt. Konkrete Forschungsfelder sind »Beziehungen und Familie«, »Bürger und Nation«, »Wirtschaft und Arbeit« »Wissenschaft, Medizin und therapeutische Kulturen«. Grundlegend verbindendes Element der unterschiedlichen Forschungsarbeiten bildet die Annahme, dass Emotionen (sie sprechen allerdings von Gefühlen) kulturell geformt und sozial erlernt werden. Die Art und Weise, wie Menschen in verschiedenen Situationen oder gegenüber anderen Personen und Dingen fühlen und wie sie Emotionen zeigen (dürfen), unterliegt gesellschaftlichen Normen und ist daher historisch variabel (vgl. MPI, o. J.). In Bezug auf die Bedeutung von Emotionen im Verlauf von 100 Jahren deutscher Geschichte entstand zum Beispiel eine interessante Plakatausstellung »Die Macht der Gefühle. Deutschland 19 | 19«, erstellt von Ute und Bettina Frevert, die von der Stiftung »Erinnerung, Verantwortung und Zukunft« und der Bundesstiftung zur Aufarbeitung der SED-Diktatur herausgegeben wird und über Letztere auch bezogen werden kann. In der Ausstellung werden politische und gesellschaftliche Wirkungen von Emotionen zu unterschiedlichen Zeitpunkten und damit im Rahmen unterschiedlicher politischer Systeme thematisiert. Dabei geht es unter anderem um die Wirkmächtigkeit von Hoffnung, Empathie, Liebe oder auch von Angst, Wut und Ekel in Bezug auf geschichtliche Ereignisse, zum Beispiel die Gründung der Weimarer Republik (1919), den Beginn des Zweiten Weltkrieges (1939), die doppelte deutsche Staatsgründung (1949) oder auch im Kontext der friedlichen Revolution (1989/1990). Anhand von Bildmaterial, Zitaten und Kurztexten sowie multimedialen Begleitangeboten wird herausgearbeitet, dass und wie Emotionen einerseits zu Reform- und Demokratisierungsprozessen beigetragen haben, andererseits aber politisch instrumentalisiert wurden und folglich politisch manipulierbar sind.

Zur Vertiefung in die Geschichte der Emotionen bzw. dazu, wie Emotionen Geschichte machen oder prägen können, sei an dieser Stelle noch auf zwei Monografien von Ute Frevert hingewiesen, die auch für die Auseinandersetzung mit historischen Entwicklungen bezogen auf die Berufsgeschichte Sozialer Arbeit interessante Zugänge bieten, indem diese unter emotionsgeschichtlicher Perspektive dargestellt werden. So untersucht die Historikerin in ihrem Buch »Mächtige Gefühle. Von A wie Angst bis Z wie Zuneigung – Deutsche Geschichte seit 1900« das 20. Jahrhundert anhand »emotionaler Signaturen« (Frevert, 2020, S. 14). Dabei geht es ihr darum zu ergründen, welche Erkenntnisse gewonnen werden können, wenn historische Ereignisse mit dem Fokus auf emotionale Stile oder Stimmungen bzw. zu bestimmten Zeitpunkten gesellschaftlich deutlich hervortretende »Gemütsbewegungen« (ebd., S. 27) betrachtet werden. Für die Befassung mit pädagogischen bzw. sozialpädagogischen Institutionen bietet wiederum die Publikation »Die Politik der Demütigung. Schauplätze von Macht und Ohnmacht« (Frevert, 2017) interessante Erkenntnisse. Darin diskutiert Frevert unter anderem Praktiken der Demütigung und Beschämung in pädagogischen Kontexten und verdeutlicht, wie Emotionen (Scham, Beschämung) gezielt eingesetzt wurden.

2.3 (Sozial-)Psychologie – Emotionen als soziale Phänomene

Die Geschichte der Emotionsforschung in der Psychologie spiegelt eine Entwicklung von verschiedenen theoretischen Perspektiven und Menschenbildern wider. »Dabei gleicht das Ausmaß an Interesse, das Emotionen als Forschungsgegenstand entgegengebracht wurde, [weiterhin] einer Berg- und Talfahrt« (Brandstätter et al., 2013, S. 159). Auf William James' Betonung physiologischer Reaktionen (▶ Kap. 1.2.1) folgte Freud mit seiner psychodynamischen Theorie, der die Emotionen als Ausdruck unbewusster Konflikte und Triebkräfte interpretierte. Die Behavioristen wandten sich von dieser Strömung ab und konzentrierten sich in der ersten Hälfte des 20. Jahrhunderts, insbesondere von den 1920er Jahren bis in die 1950er Jahre auf konkretes und beobachtbares Verhalten. Bekannt ist das Zitat von Burrhus Skinner, der Emotionen als »useless and bad for our peace of mind and our blood pressure« bezeichnete, als etwas, womit man sich nicht beschäftigen sollte (Skinner, 1948, S. 92). Der Behaviorismus dominierte die Psychologie während dieser Zeit, bevor andere Perspektiven, etwa im Zuge der kognitiven Wende in den 1960er Jahren, an Bedeutung gewannen und sich das Menschenbild änderte. Die Betonung lag nun auf den *kognitiven* Prozessen, insbesondere auf der Rolle von Gedanken, Bewertungen und Interpretationen von Ereignissen bei der Entstehung von Emotionen. Pioniere wie Magda Arnold oder Richard Lazarus betonten die Bedeutung der *individuellen* Wahrnehmung von Ereignissen für die Entstehung von Emotionen. In der Anfangsphase der Psychologie bis etwa in die 1920er Jahre war das Interesse an Emotionen groß, bis Ende der 1970er Jahre finden sich allerdings kaum Beiträge zur Emotionspsychologie. Erst seit den 1980er Jahren haben Forscher*innen verschiedene Ansätze zur Erforschung von Emotionen weiterentwickelt, darunter die sozialkonstruktivistische Perspektive, die die soziale und kulturelle Einbettung von Emotionen betont, sowie die neurowissenschaftliche Forschung, die ihre biologischen Grundlagen untersucht. Heute ist die Emotionsforschung in der Psychologie ein interdisziplinäres Feld, das Erkenntnisse aus verschiedenen Bereichen integriert, um ein umfassendes Verständnis von Emotionen zu entwickeln. Insbesondere werden Emotionen zunehmend nicht nur als private, individuelle Phänomene betrachtet, sondern als Phänomene, die sich in einem *gruppenübergreifenden Kontext* entfalten können. Möglicherweise haben Sie bereits erlebt, wie Sie bei einem Fußballevent mit Ihrer Nationalmannschaft mitfieberten, obwohl Sie sonst kein Fußballfan sind. Vielleicht verspüren Sie Wut, wenn Sie die Nachrichten über Grausamkeiten in der Welt hören, Traurigkeit angesichts des Leidens hungernder Kinder oder Ekel, wenn Sie sehen, dass Gruppen menschenfeindliche Parolen rufen.

Die Frage, wie Emotionen entstehen, selbst wenn wir nicht persönlich von einer Situation betroffen sind, wird innerhalb der Sozialpsychologie von der Intergruppentheorie der Emotionen beleuchtet (z. B. Mackie & Smith, 2015).

Diese Theorie beschäftigt sich mit dem Zusammenspiel von Gruppenzugehörigkeit und Emotionen, indem sie die Theorie sozialer Identität (Tajfel & Turner, 1979) mit den kognitiven Bewertungstheorien der Emotionen vereint (▶ Kap. 1.2.2). Grundlegend wird angenommen, dass Menschen automatisch zwischen ihrer »Eigengruppe« (zu der sie sich zugehörig fühlen) und der »Fremdgruppe« (zu der sie nicht gehören) unterscheiden. Diese kategoriale Differenzierung ist nützlich, insofern sie eine vereinfachte Wahrnehmung der Welt ermöglicht. Allerdings ist sie im Einzelfall hoch fehleranfällig und kann zu Konflikten führen. Bereits eine minimale Einteilung in »uns« (z. B. Studierende der Sozialen Arbeit) und »andere« (z. B. BWL-Studierende) führt dazu, dass Menschen eine fundamentale Ähnlichkeit mit den Menschen *ihrer Gruppe* empfinden und diese besser bewerten als Mitglieder anderer Gruppen (»Ingroup-Bias«). Je stärker sich jemand mit einer Gruppe identifiziert, desto stärker sind die emotionalen Reaktionen gegenüber dieser Gruppe und desto ausgeprägter können Abgrenzung und Differenzierung gegenüber anderen Gruppen sein (Kessler & Hollbach, 2005). Emotionen, die durch solche Gruppenprozesse entstehen, werden gruppenbasierte Emotionen genannt (z. B. Mackie & Smith, 2015).

Ähnlich wie bei individuellen Emotionen spielen auch im Gruppenkontext die Bewertungsprozesse eine entscheidende Rolle. So kann ein Gruppenmitglied beispielsweise Stolz auf die Leistungen der eigenen Gruppe empfinden, während einer anderen Person der Vorteil der eigenen Gruppe eher unangenehm ist. Demgemäß konnten wir in unseren eigenen Studien zeigen, dass privilegierte Personen stolz auf ihre soziale Position sind, wenn sie Gründe finden, die den Vorteil ihrer Gruppe legitimieren, während Schuldgefühle eher dann aufkommen, wenn Personen sehen, dass der Vorteil ihrer Gruppe eigentlich keine gerechte Grundlage hat (Harth et al., 2008; 2013). Dabei sind gruppenbasierte Emotionen mehr als nur die Gesamtheit der emotionalen Erfahrungen der einzelnen Gruppenmitglieder, nämlich vielmehr ein Merkmal des sozialen Kontextes, innerhalb dessen sich diese abspielen. Dieses emotionale Klima ist wichtig für das Verständnis von Vorurteilen und gesellschaftlichen Konflikten. Beziehungen zwischen Gruppen werden von Stereotypen, Vorurteilen und Klischees begleitet, die mit Emotionen gegenüber unterschiedlichen Gruppen einhergehen (Cuddy et al., 2007). Gruppenbasierte Emotionen haben nachweislich Einfluss darauf, wann und in welchem Ausmaß Menschen positive oder negative Einstellungen über Mitglieder anderer Gruppen vorbringen.

So ist Ekel eine relativ häufige emotionale Reaktion gegenüber Menschen, die innerhalb der Gesellschaft über wenig Status und Macht verfügen und gleichzeitig als unsympathisch wahrgenommen werden. Der Ekel »rechtfertigt« somit eine Exklusion, die Ablehnung bestimmter Gruppen und die Distanzierung von diesen. Viele Studien zeigen, dass hiervon insbesondere wohnungslose Menschen betroffen sind (▶ Kap. 6.3). Aber auch Neid ist eine Emotion, die Gruppen entgegengebracht wird, denen ein hoher gesellschaftlicher Status zugeschrieben wird, die aber gleichzeitig eher als unsympathisch wahrgenommen werden. Viele Studien zeigen, dass dieser Neid beispielsweise mit Antisemitismus zusammenhängt und insbesondere Juden und Jüd*innen entgegengebracht wird (Smith & Hoogland, 2019).

Desinformationen und Verschwörungserzählungen, die bekannte Stereotype bedienen, können dazu beitragen, Neid, Angst und Hass zu schüren, und somit gesellschaftliche Polarisierung verschärfen. Politische Kommunikation setzt teilweise bewusst auf das Hervorrufen bestimmter Emotionen, indem gezielt Begriffe eingesetzt werden, die Gefühle beeinflussen.

Gruppenbasierte Emotionen haben aber auch eine wichtige Funktion, wenn es darum geht, soziale Bewegungen zu initiieren und Veränderungen hervorzurufen. Emotionen wie Entrüstung und Wut haben die Kraft, eine kollektive Identität zu formen und Menschen dazu zu motivieren, gemeinsam für eine Sache einzutreten. So haben viele Studien gezeigt, dass insbesondere Ärger und Wut über Ungerechtigkeit Menschen dazu bringen, sich sozialen Bewegungen wie Fridays for Future oder einem Streik anzuschließen (van Zomeren et al., 2008). Diese emotionalen Bindungen können eine starke Solidarität innerhalb der Gruppe schaffen, indem sie Mitglieder dazu bewegen, sich mit den gemeinsamen Zielen und Werten zu identifizieren. Die kollektive Erfahrung von Emotionen verstärkt das Gefühl der Gemeinschaft und Zusammengehörigkeit innerhalb der Protestierenden. Positive Emotionen wie Freude und Begeisterung können den Zusammenhalt in der Gruppe stärken und den Antrieb für gemeinsame Aktionen fördern.

3 Emotionsarbeit in der Sozialen Arbeit

> **☞ Was Sie in diesem Kapitel lernen können**
>
> In diesem Kapitel geht es um die Darstellung von Konzepten und Themenfeldern, die Emotionen in Arbeitsbeziehungen der Sozialen Arbeit zum Gegenstand haben. Dazu wird einleitend kurz skizziert, welche Aspekte professionellen Handelns kennzeichnend sind für Soziale Arbeit. Im weiteren Verlauf wird das Konzept der Emotionsarbeit von Arlie Russell Hochschild dargestellt, da ihre Analysen und Überlegungen zur Emotionsarbeit in Dienstleistungsberufen grundlegend auch in empirischen Studien zur Sozialen Arbeit aufgriffen wurden. Anschließend werden einige neuere Studien(-ergebnisse) vorgestellt, die mit diesem Konzept gearbeitet haben. Im letzten Teilkapitel werden überblicksartig Themenfelder dargestellt, in denen die Bedeutung und Relevanz von Emotionen in der Sozialen Arbeit diskutiert und erforscht werden.

3.1 Einführende Bemerkungen – Charakteristika der Profession Soziale Arbeit

In Hinblick darauf, welches Professionsverständnis für Soziale Arbeit identitätsprägend ist, lassen sich sehr unterschiedliche Positionen im Diskurs ausmachen. So wird zum Beispiel die Profession Soziale Arbeit in ihren Unterschieden zu sogenannten klassischen Professionen beschrieben, wobei vor allem das Zusammenspiel von organisatorischen und wohlfahrtsstaatlichen Rahmenbedingungen und professionellem Handeln untersucht bzw. die daraus erwachsenen Konsequenzen für Professionalisierung bzw. Deprofessionalisierung diskutiert werden. Verschiedene Autor*innen fokussieren sich wiederum stärker auf die Binnenlogiken und Anforderungen verberuflichter Sozialer Arbeit und damit auf die Spannungsfelder von Hilfe und Kontrolle oder auch von Nähe und Distanz sowie auf das Verhältnis von Wissen, Können und Haltung (vgl. zum Überblick Becker-Lenz et al., 2012; 2013). Auch in Anbetracht der unterschiedlichen Zugänge scheint Konsens darüber zu bestehen, dass Soziale Arbeit eher keine autonom zu bearbeitenden »Felder« und Monopolstellungen für sich reklamieren kann und damit in ihren vielfältigen Arbeitsfeldern immer auch auf andere Berufsgruppen oder Professionen trifft. Damit einher geht die Einschätzung, dass Soziale Arbeit darauf spezialisiert ist, nicht spezialisiert zu sein und sich folglich offen für die Bearbeitung von sich ändernden sozialen Problemstellungen zeigt. Albert Scherr spricht in dem Zusammenhang von der »Kontingenz von Hilfe« und verweist darauf, dass Soziale Arbeit selbst in gesellschaftliche Kontroversen involviert sei, in denen um die »Bedingungen, Erfordernisse, Möglichkeiten und Grenzen Sozialer Arbeit« gestritten wird (Scherr, 2015, S. 180). Charakteristisch für Soziale Arbeit ist weiterhin, dass sie ihre Verstehens- und Handlungsprozesse im Prinzip auf alle möglichen Alltagsprobleme von Adressat*innen ausrichtet und damit auch im Alltag von Menschen präsent sein kann (vgl. dazu grundlegend Thiersch, z. B. Thiersch, 2015). In Absetzung von einem technokratischen oder sozialtechnologischen Handlungsverständnis betonen neue Professionstheorien (vgl. zum Überblick Dewe & Stüwe, 2016), dass sich Soziale Arbeit nur in Koproduktionen mit Adressat*innen vollzieht und sich dabei nicht auf Sozialtechniken der »Menschenbehandlung« stützen kann und darf. Nach Burkhard Müller erfordert das von Fachkräften Kompetenzen in der »Bewältigung von Ungewissheit«, in der Erschließung von zunächst blockierten Handlungschancen sowie in der Verarbeitung paradoxer Handlungsanforderungen (Müller, 2012, S. 965).

> **Positive (Arbeits-)Beziehungen in der Sozialen Arbeit**
>
> Zusammenfassend benennt Ingram (2015, S. 64) folgende Merkmale oder Qualitäten, die für positive (Arbeits-)Beziehungen in der Sozialen Arbeit stehen:
>
> - genuineness (Echtheit)
> - warmth (Sympathie)
> - acceptance (Akzeptanz)
> - encouragement and approval (Ermutigung und Anerkennung)
> - empathy (Empathie)
> - responsiveness (Responsivität)
> - sensitivity (Feingefühl)

Betrachten wir nun die Binnenlogiken und Interaktionsdynamiken professionellen Handelns in der Sozialen Arbeit genauer, rückt die Beziehungsgestaltung ins Zentrum. Man muss nun nicht unbedingt Silke Gahleitner (2017) in Gänze folgen, nach der Soziale Arbeit eine (unter anderen) Beziehungsprofession darstellt, aber dass die Beziehungsgestaltung einen zentralen Anteil von Professionalität ausmacht, kann als Anforderung verallgemeinert werden. Damit geht es auch um das, was passiert, wenn sich Menschen in den Rollen »Fachkraft« und »Adressat*in« begegnen bzw. diese Rollen im gemeinsamen Tun herstellen. Mit Blick auf gelingende Arbeitsbeziehungen in Erziehungs- und Bildungsprozessen scheinen hierbei auch Merkmale oder Qualitäten zum Tragen zu kommen, die für private (diffuse) Sozialbeziehungen kennzeichnend sind (zur Unterscheidung von diffusen und spezifischen Sozialbeziehungen vgl. Oevermann, 1996; 2013). Demnach wird auch von Fachkräften erwartet, dass sie ihren Adressat*innen Zuwendung, Neugier und Interesse entgegenbringen oder sich ihnen gegenüber authentisch zeigen (vgl. dazu Behnisch, 2018; Thiersch, 2015 [1995]). Diese allgemeinen »Aufträge« oder Erwartungen, die sich an Fachkräfte richten, werden in Stellenanforderungen zumeist nicht beschrieben, gelten aber als abgesicherte und konstitutive Voraussetzung von Erziehungs- und Bildungsprozessen, die auf Autonomie und Mündigkeit zielen (Daigler & Düring, 2021).

Von zentraler Bedeutung ist hierbei dennoch, dass Begegnungen zwischen Adressat*innen und Fachkräften mindestens aus Sicht der Fachkräfte *Arbeits*beziehungen sind und damit Teil ihrer beruflichen Funktion, für die sie von »Dritten« bezahlt werden (vgl. Daigler & Düring, 2021).

Für das Feld der Heimerziehung hat Annegret Wigger (2007) im Rahmen einer qualitativen Studie verschiedene Spezifika herausgearbeitet, die für diese Arbeitsbeziehungen prägend sind. Demnach zeichnen sie sich in Zusammenhang mit der bezahlten Beauftragung durch eine »doppelte Struktur« aus: Einerseits leben die Beziehungen durch die persönliche Begegnung, andererseits sind sie durchdrungen von der Dynamik, die sich aus den Rollenfunktionen ergibt. Demnach agieren die Fachkräfte als bezahlte »Dienstleisterinnen« auf ihrer *Arbeitsstelle* und treffen dort auf Adressat*innen, die – zumindest vorübergehend – in einer Einrichtung der Sozialen Dienste *leben* und auf diese angewiesen sind (vgl. ebd.). Die Autorin spricht dabei von einer »organisierte[n] Ungleichheit«, die sich zum Beispiel darin äußere, so Wigger, dass »Kinder mit nach Hause, in das private Reich der Sozialpädagogin genommen werden möchten oder Jugendliche der Sozialpädagogin zu verstehen geben, dass sie schließlich für das Aufräumen bezahlt werde« (ebd., S. 116). So gesehen agieren Fachkräfte als Repräsentant*innen eines Hilfesystems und einer konkreten Einrichtung, werden aber zugleich auch als *Personen* erlebt und mit Anliegen und Bedürfnissen konfrontiert, die eher in privaten Beziehungen verortet werden können. Die so entstehenden Paradoxien und Anforderungen werden – auch mit Blick auf die Differenz von Laienhilfe und professioneller Hilfe – als professionelles Spannungsverhältnis unter dem Begriffspaar Nähe und Distanz verhandelt (Daigler & Düring, 2021). Dabei sind Fachkräfte unter anderem gefordert, an den eigenen Emotionen zu arbeiten.

3.2 Emotionsarbeit bzw. Gefühlsarbeit bei Hochschild

Zur vertieften und empirischen Auseinandersetzung mit dem letztgenannten Aspekt wird in Studien und Debatten häufig auf das Konzept der *emotion work* oder der Gefühlsarbeit verwiesen. Dieses wurde Anfang der 1980er Jahre von der Soziologin Arlie Russel Hochschild im Rahmen ihrer Studie »The Managed Heart. Commercialization of Human Feeling« (1983) bzw. »Das gekaufte Herz. Zur Kommerzialisierung der Gefühle« (2006) entwickelt. Hochschild interessierte sich dafür, wie

Emotionsmanagement im Rahmen von Dienstleistungsarbeit stattfindet, das heißt wie Gefühlsausdrücke passend zur Berufsrolle gestaltet werden und welche Folgen dies für die Beschäftigten hat. Konkret beschäftigte sie:

> »Wie verändert sich das Verhältnis eines Menschen zu seinen Gefühlen und zu seinen Ausdrucksmöglichkeiten, wenn Gefühlsnormen und die dazu gehörigen Ausdrucksformen von der Firmenleitung vorgeschrieben werden, wenn ArbeiterInnen und Angestellte weniger Anspruch auf höfliche Behandlung haben als Kunden, wenn inneres Handeln und Oberflächenhandeln Teil der Ware Arbeitskraft werden und wenn persönliches Einfühlungsvermögen und Wärme zu Formenzwecken eingesetzt werden? Was kann ein Mensch, dessen Wärme zu einem Arbeitsmittel im Dienstleistungsberuf wird, von seinen dabei auftretenden Gefühlen lernen? Und schließlich, welche Verbindung bleibt zwischen dem Lachen der Arbeitenden und ihrem Selbst, wenn sie ihr Arbeitslächeln ablegen?« (Hochschild, 2006, S. 99).

In ihrem Modell beschreibt sie Formen des Emotionsmanagements, die auf einen öffentlich dargestellten Körper- und Gesichtsausdruck in Lohnarbeitsverhältnissen zielen.

Sie verdeutlicht, dass sowohl in privaten Beziehungen als auch in Arbeitsbeziehungen Emotionsmanagement stattfindet, und interessiert sich dafür, welche unterschiedlichen Anforderungen je nach Kontext hiermit einhergehen. Dabei kommt Emotionsarbeit ein »Tauschwertcharakter« zu, wohingegen Formen des Emotionsmanagements in privaten Beziehungen zwar die gleichen Handlungen umfassen, aber sich durch einen »Gebrauchswertcharakter« auszeichnen (ebd., S. 30). In beiden Kontexten sind (latente) Gefühlsnormen *(feeling rules)* wirksam, »die uns als Richtschnur für die in bestimmten Situationen jeweils erwarteten Emotionen dienen« (ebd., S. 41 f.). Im Alltag sind diese eher implizit und werden vor allem dann deutlich, wenn man ihnen nicht entspricht und eine Kluft zwischen den sozial erwarteten und den tatsächlich vorhandenen Emotionen verspürt.

In dem Fall, dass Personen eine Diskrepanz feststellen zwischen dem, was sie fühlen, und den sozial erwarteten Gefühlsausdrücken *(feeling rules)*, versuchen sie diese zu überbrücken und sozial akzeptiert zu werden, indem sie die eigenen Emotionen so zu »bearbeiten« suchen, dass sie dem erwarteten Gefühlausdruck entsprechen. Im folgenden Kasten findet sich eine Zusammenstellung zentraler Aspekte ihres Modells.

Zentrale Elemente von Gefühlsarbeit nach Hochschild

- *Emotion work* (Gefühlsarbeit) ist eine Form von Arbeit, die über »geistige und körperliche Arbeit hinausgeht« und das »Zeigen oder Unterdrücken von Gefühlen« verlangt, damit bei anderen eine erwünschte Wirkung erzielt wird (Hochschild, 2006, S. 30 f.). Diese Form von Arbeit beinhaltet Handlungen und Strategien, mit denen eigene Befindlichkeiten mit den sozial erwarteten Emotionen in Einklang gebracht werden sollen.
- *Feeling rules* (Gefühlsnormen) sind Normen, die als sozial erwartete Emotionen in Interaktionen wirksam sind. Beispiele hierfür sind: »Sei fröhlich an deinem Geburtstag«; »Sei traurig bei Todesfällen«; »Empfinde Freude beim Betrachten von Babys«.

- *Emotion work* zeigt sich im Unterdrücken von Emotionen, in Versuchen Emotionen zu erzeugen wie auch in Versuchen die emotionale Betroffenheit (anderer) zu steuern oder auch eigene, tatsächlich empfundene Emotionen zu verändern. Hochschild unterscheidet dabei zwischen *Oberflächenhandeln* und *innerem Handeln*.
- *Surface acting* (Oberflächenhandeln): »Beim Agieren an der Oberfläche täuschen wir andere über unsere wahren Gefühle, betrügen uns aber nicht selbst« (ebd., S. 51).
- *Deep acting* (inneres Handeln): »Beim inneren Handeln erleichtern wir uns die Verstellung, indem wir sie unnötig werden lassen« (ebd., S. 51): Die handelnden Personen versuchen nicht nur zum Beispiel fröhlich oder traurig zu *erscheinen*, sondern die selbstinduzierten echten Emotionen »spontan zu zeigen« (ebd., S. 53).

Der Fokus von Hochschilds Modell richtet sich auf die soziale Komponente von Emotionsregulation (▶ Kap. 10.1.2) und auf die erwünschten Effekte auf Beziehungen. In einem Idealmodell von überwiegend gleichwertigen privaten Beziehungen (z. B. Freundschaft) finden diese Prozesse, wie zuvor beschrieben, in einer reziproken Beziehung statt und weisen einen Gebrauchswertcharakter auf. In beruflichen bzw. professionellen Kontexten ist hingegen entscheidend, dass Emotionsarbeit Tauschwertcharakter zukommt und institutionell gerahmt ist. Für (soziale) Dienstleistungsberufe bzw. ihre Vertreter*innen gilt, dass Emotionsarbeit Teil ihrer Arbeitskraft in abhängigen Lohnarbeitsverhältnissen darstellt. Für Soziale Arbeit sollte dazu nicht außer Acht gelassen werden, dass die Arbeitsbeziehungen durch asymmetrische Machtverhältnisse geprägt sind, wobei die Fachkräfte in der Regel über mehr Machtquellen verfügen (Wolf, 2010; Staub-Bernasconi, 2007; 2011).

Hochschild beschäftigte sich in ihrer Studie explizit damit, welche Konsequenzen das bewusste Arbeiten an den eigenen Emotionen für diejenigen zeitigt, die ihre Emotionsregulierung als Teil ihrer Arbeitskraft verkaufen. Am Beispiel der *emotion work* von Flugbegleiterinnen der Delta Airlines in den 1980er Jahren arbeitete sie zum einen heraus, welche *feeling rules* in der Betreuung von Fluggästen wirksam waren (angenehme Atmosphäre schaffen, für Gelassenheit sorgen, freundlich sein, aufgeregte Passagier*innen beruhigen). Darüber hinaus zeigte sie, dass und wie Flugbegleiterinnen explizit aufgefordert waren, *emotion work* zu betreiben. Sie wurden in Ausbildungskursen entsprechend geschult bzw. trainiert, wobei man ihnen verschiedene Strategien vermittelte, die Hochschild begrifflich als *surface acting* bzw. als *deep acting* fasste. Zu erstgenannten zählte Hochschild Übungen zu bzw. Training von Mimik, Gestik und Körperhaltung mit dem Ziel, Emotionen zu *zeigen*, auch wenn die Flugbegleiterinnen diese in der konkreten Situation nicht wirklich empfinden – Stichwort »Freundlichkeit als Fassade« (ebd., S. 28). Als von ihr so bezeichnete Formen des *deep acting* identifizierte Hochschild Trainingseinheiten, die darauf abzielen, Situationen kognitiv so umzudeuten, dass die Flugbegleiterinnen die gewünschten Emotionen auch *fühlen*. So sollten sie sich zum Beispiel vorstellen, dass die Kabine ihr zu Hause sei und die Passagier*innen ihre persönlichen Gäste.

Basierend auf Gesprächen mit den Flugbegleiterinnen schlussfolgert Hochschild, dass die beschriebenen Anforderungen für diese die Gefahr bergen, eine instrumentelle Haltung gegenüber eigenen Gefühlen einzunehmen und sich von diesen zu entfremden. Ihre Gesprächspartnerinnen berichteten von emotionalen Dissonanzen und Belastungen, da sie die Anforderungen, ihre Emotionen zu ändern oder den erwarteten Gefühlsausdruck einzunehmen, als enorm belastend und verunsichernd empfanden. Hochschild schlussfolgert daraus, dass die Flugbegleiterinnen den Bezug zu ihren Emotionen verlieren (könnten) oder sie sich gegen Anforderungen des Unternehmens wehren müssen. Erschwerend kam hinzu, dass die Emotionsarbeit als selbstverständliche Anforderung von Unternehmensseite erachtet und nicht als Teil der Arbeits*leistung* anerkannt und thematisiert wurde. Sie resümiert folgendermaßen:

> »Wer Gefühlsarbeit im Dienstleistungsbereich verrichtet, gleicht demjenigen, der körperliche Arbeit bei der Herstellung von Dingen leistet: Beide sind den Gesetzen der Massenproduktion unterworfen. Aber wenn das massenhaft herzustellende Produkt ein Lächeln, eine Stimmung, ein Gefühl oder eine Beziehung ist, dann wird es immer mehr Teil des Unternehmens oder der Organisation und gehört immer weniger zum Selbst. Das ist auch der Grund dafür, warum in dem Land, in dem das Individuum in der Öffentlichkeit besonders feierlich beschworen wird, die Menschen sich privat zu fragen beginnen [...]: Was sind meine echten, wahren Gefühle, was empfinde ich wirklich?« (Hochschild, 2006, S. 155).

Reflexionsfragen

- Welche »Gefühlsnormen« sind in verschiedenen Handlungsfeldern der Sozialen Arbeit von Bedeutung?
- Welche gelten dabei für Fachkräfte, welche für Ehrenamtliche und welche für Adressat*innen?
- Welche Formen der *emotion work* lernen Sie im Studium?
- Welche Formen der *emotion work* haben Sie in Praxiskontexten selbst bereits ausprobiert oder bei anderen Kolleg*innen beobachten können?
- Welche Formen der *emotion work* haben Sie in Praxiskontexten selbst bereits ausprobiert oder bei anderen Kolleg*innen beobachten können?

3.3 Studien zur Emotionsarbeit in der Sozialen Arbeit

Die Arbeit von Hochschild inspirierte nicht wenige Studien und Debatten zum Zusammenhang zwischen Emotionen und Sozialer Arbeit bzw. zur Bedeutung von Emotionen in der Sozialen Arbeit. So identifizierten zum Beispiel Cecilie K.

Moesby-Jensen und Helle Schjellerup Nielsen (2015) in einer explorativen qualitativen Fallstudie verschiedene Formen von Emotionsarbeit am Beispiel der Arbeit in zwei dänischen Sozialdiensten. Die Sozialarbeiter*innen versuchten zum Beispiel in Gesprächen oder nach Treffen Emotionen zu unterdrücken oder zu verbergen, um nicht unangemessen involviert zu werden oder zu wirken. Das bedeutet nicht, dass gar keine Emotionen gezeigt wurden, aber die Sozialarbeiter*innen nannten Grenzen wie etwa nicht (mit) zu weinen, wenn ein*e Adressat*in weint, obwohl der Fachkraft auch zum Weinen zumute wäre.

Eine andere Strategie besteht darin, Emotionen in der Gesprächssituation zurückzustellen, sie aber später zu reflektieren oder auch nachzuholen. In diesem Zusammenhang wurden Teamsitzungen, Supervisionen, »Tür-und-Angel-Gespräche« mit Kolleg*innen genannt, aber auch das private Umfeld. Dazu berichteten die befragten Fachkräfte allerdings auch von Situationen, in denen Emotionen dominieren und die »Fälle unter die Haut« gehen. Dann sind sie sehr stark emotional involviert, was sich unter anderem darin zeigt, dass die dazugehörigen Kontakte und Interaktionen (zumindest zeitweise) einen Großteil der Arbeitszeit einnehmen sowie einen nicht unerheblichen Teil der Freizeit. Auch verweisen solchen Konstellationen wiederum auf den schwierigen Balanceakt von Nähe und Distanz sowie darauf, dass Emotionsarbeit nicht nur während der Arbeitszeit stattfindet, sondern auch ins Private hineinwirkt.

Faktoren oder Ursachen, die aus »Fällen« besondere »Fälle« machen, sind zum Beispiel in einer besonderen Verletzlichkeit der jeweilgen Adressat*innen begründet, aber auch darin, dass Sozialarbeiter*innen womöglich Parallelen zum eigenen Leben ziehen können (z. B. Kinder in dem gleichen Alter haben). Des Weiteren beschreiben sie, dass sowohl die eigene emotionale Verfassung als auch die Arbeitsbedingungen beeinflussen, wie die Emotionsarbeit stattfindet. Letzteres meint zum Beispiel, ob genügend Zeit zur Vorbereitung auf das Gespräch zur Verfügung stand. Zudem hat auch das Team oder die Teamkultur einen großen Einfluss auf die Emotionsarbeit; kollegialer Support wird als Ressource gesehen, die negative Folgen von Emotionsarbeit ausgleichen, verhindern oder zumindest verringern kann. Kollegiale Unterstützung umfasst dabei mehr als bloße soziale Unterstützung, im besten Fall entstehen eine Identifikation und ein Gefühl der Zugehörigkeit zu einer *community of practice*, in der Erfahrungsaustausch und gegenseitige Lernprozesse das professionelle Handeln absichern.

> **Reflexionsfragen**
>
> - Welche »Fälle«/Fallkonstellationen rufen bei Ihnen starke Emotionen hervor bzw. erfordern in besonderem Maße Emotionsarbeit?
> - Welche Ursachen könnte dies haben?
> - Was hilft Ihnen hierbei?

Auch Carsten Schröder (2017) bezieht sich in seiner ethnografischen Studie zur Emotionsarbeit in der Heimerziehung grundlegend auf Hochschild. Dazu arbeitet er mit dem Konzept der *sentimental work* von Anselm Strauss et al. (1980) sowie mit der »Gefühlsarbeit« nach Wolfgang Dunkel (1988), wobei letztgenannter sich ebenfalls auf Hochschild und Strauß bezieht. In der Zusammenschau geht es Schröder um eine symbolisch-interaktionistische sowie dramaturgische Theorieperspektive auf Emotionsarbeit. In seiner Studie zeigt er anhand verschiedener Alltagsszenen im Wohngruppenalltag, dass und welche Gefühlsnormen wirksam sind (z. B. »Reguliere deine Emotionen«; »Zeige keine Angst«) und wie Fachkräfte damit umgehen.

Er beschreibt drei Formen von Emotionsarbeit. Die *Arbeit an den eigenen Emotionen* umfasst die Unterdrückung oder Explikation eigener Gefühle im Hinblick auf die damit verbundenen Handlungsintentionen, um Diskrepanzen zwischen Sein und Sollen zu bearbeiten. Sein bezieht sich dann auf die aktuell wahrgenommenen Gefühle; das Sollen auf die (institutionell geformten) Ansprüche an Fachkräfte. Ziel der Emotionsarbeit ist es dann, in der »Vorderansicht« eine Darstellung zu präsentieren, die den (institutionell geformten) Ansprüchen an die Rolle als Fachkraft entsprechen (Schröder, 2017, S. 250).

Die *Arbeit an den Emotionen des Gegenübers* ziele dagegen auf die Deutung und Bearbeitung der beim Gegenüber wahrgenommenen Emotionen und umfasst Versuche, »gefühlsmäßige Atmosphären« herzustellen (ebd., S. 260 f.). Sichtbar werde dies im Bemühen der Fachkräfte, mittels Emotionen und Gesten auf die vordergründige Situationsauffassung der Kinder und Jugendlichen zuzugreifen, um sie von etwas affektiv betroffen zu machen. Emotionsarbeit schließt damit die »Deutung und Interpretation der bei der Interaktionspartner*in wahrgenommenen Gefühle« ein (ebd., S. 248). Beide Formen verdeutlichen, den intentionalen – das heißt bezogen auf Handlungsziele der Professionellen – Charakter von Emotionsarbeit. Die konkreten Interaktionen und Situationen sind dabei durch »institutionelle Rollen- und Normstrukturen« vorgeprägt, zu denen sich die Akteur*innen allerdings subjektiv verhalten bzw. »positionieren« (ebd., S. 247 f.).

Als dritte Form der Emotionsarbeit nennt Schröder die *diskursive Emotionsarbeit*. Innerhalb verschiedener Austauschformate oder in »kollegialen Dialogen« (Übergabegesprächen, Teambesprechungen, Dienstberatungen) entwickeln Teammitglieder eine gemeinsame Perspektive auf die Interaktionen und Emotionen im Wohngruppenalltag. Dabei werden auch Gefühlsnormen/Skripte verhandelt, die dann wiederum die Darstellungen bzw. Anlässe der anderen Formen von Emotionsarbeit beeinflussen (ebd., S. 249). Mit Blick auf die Funktionen, die Emotionsarbeit für das professionelle Handeln in sozialen Interaktions- und Beziehungsverhältnissen einnimmt, hat Schröder drei Funktionen herausgearbeitet:

(1) Die Inszenierung von Handlungsfähigkeit und Professionalität in der Arbeit an eigenen Emotionen: In diesem Zusammenhang wird die Emotionsarbeit als Arbeit an den eigenen Gefühlen ins Verhältnis zur eigenen Professionalität gesetzt. So erleben sich Fachkräfte als professionell, wenn sie (situativ) Gefühle beispielsweise zurückhalten oder unterdrücken und diese damit kontrollieren und steuern können. Im Umkehrschluss erleben sie sich als nicht professionell, wenn ihnen diese Kontrolle nicht gelingt und sie zum Beispiel sehr intensiv mitleiden (weinen) oder wenn die in einer Situation erlebte Furcht sie von ihren eigentlichen Handlungszielen abbringt. Darin zeigt sich der Anspruch der Fachkräfte »an sich selbst, die eigenen Gefühle zu lenken und zu steuern« (ebd., S. 257).

(2) Die Integrations- und Normierungsfunktion der Emotionsarbeit in Sorge-, Hilfe-, Erziehungs- und Anerkennungsverhältnissen: Emotionsarbeit in ihrer Dimension als Arbeit an den Gefühlen der Adressat*innen vollzieht sich zwar in der »Inszenierung des Selbst«, ist aber intentional (auch) auf das »Gegenüber« gerichtet. Fachkräfte äußern beispielsweise gestisch, mimisch und sprachlich Freude, Stolz, Wut, Empörung oder Ärger und zeigen damit an, wie sie sich selbst zu der Situation positionieren und wie sie in dieser zu den Kindern und Jugendlichen stehen:

> »Die in dem Emotionsausdruck transportierten Symbole enthalten eine antwortende Perspektive, die in der Regel an die Kinder und Jugendlichen gerichtet sind und mit de[nen] die Professionellen bestimmte Handlungsziele und -absichten verfolgen« (ebd., S. 259).

Damit können Möglichkeitsräume für Bedürfnisse und Interessen der Kinder entstehen oder aber auch geschlossen werden. In der Emotionsarbeit im Kontext der Heimerziehung entfalten sich damit Erziehungs-, Anerkennungs-, Hilfe- und Sorgeverhältnisse, die im Anschluss an Wagner (2013) auf eine »Bewahrung und Reproduktion von Normalzuständen« zielen würden.

(Bewusste) Emotionsarbeit wird von den Fachkräften als erforderlich eingeschätzt, wenn sie

- das emotionale Wohlbefinden des Gegenübers als bedroht sehen (Sorgeverhältnis),
- das Handeln oder den Emotionsausdruck des Gegenübers als unangemessen empfinden und als abweichend von den gesellschaftlich definierten und institutionell festgelegten Normen erachten (Erziehungsverhältnis),
- die bei den Kindern und Jugendlichen wahrgenommenen Gefühle als dysfunktional zur Bearbeitung und Bewältigung alltäglicher Aufgaben bewerten (Hilfeverhältnis),
- das Evozieren anerkennender Gefühle – wie Stolz oder Zuversicht – als bedeutsam für Subjektbildungsprozesse erachten (Anerkennungsverhältnis) (vgl. Schröder, 2017, S. 262 f.).

(3) Die Organisationsfunktion der diskursiven Emotionsarbeit: In kollegialen Gesprächen werden retrospektiv Alltagssituationen und emotionale Dimensionen beruflichen Handelns thematisiert, problematisiert, analysiert und eingeordnet. Darüber werden Ideen für zukünftiges Handeln entworfen und die Emotionsarbeit wird für die Interaktionsverhältnisse im Alltagsleben der Wohngruppe auf Ebene des Teams vorstrukturiert:

> »In diesen Reflexions- und Diskursarrangements werden die emotionalen Erfahrungen der Fachkräfte sowie auch das Emotionswissen über die Kinder und Jugendlichen genutzt, um professionelle Handlungsentwürfe zu entwickeln, jedoch werden darüber hinaus gleichzeitig die Normen des Fühlens produziert und reproduziert [...]« (ebd., S. 256).

Rekurrierend auf die Arbeit von Dunkel (1988) schlussfolgert Schröder, dass Emotionen sowohl Arbeitsgegenstand, Arbeitsmittel als auch Bedingung des Arbeitshandelns in der Sozialen Arbeit sind. Emotionsarbeit wird durch Emotionsnormen gerahmt und zeigt sich als eine Verhältnisbestimmung von Emotion und Handeln, die vom Subjekt ausgeht und sowohl die Arbeit an den eigenen Emotionen als auch an den Emotionen anderer umfasst (ebd., S. 246).

Nehmen wir diese Befunde aus dem Feld der Heimerziehung und beziehen sie auf die prinzipielle Anforderung in der Sozialen Arbeit mit offenen und unsicheren Situationen umgehen zu müssen, in denen die Handlungen des Gegenübers nur begrenzt antizipiert werden können, kann dies unter Umständen dazu führen, dass sich Fachkräfte möglicherweise nur dann als professionell *erleben*, wenn sie ihre mit der Situation verbundenen Gefühle nicht *nur* kontrollieren und steuern können, sondern bestimmte Konstellationen von vornherein zu vermeiden suchen. Beziehungen, die sich durch eine starke (räumliche, zeitliche oder emotionale) Nähe auszeichnen, provozieren möglicherweise besonders starke Emotionen – sei es Freude, Ärger, Zuneigung, Neid oder Ekel. Diese können eventuell nicht in das eigene Bild von Professionalität integriert werden oder werden eher als »unzulässig für Arbeitskontexte« eingeordnet. In der Folge werden sie tendenziell verleugnet und auch nicht als Teil der eigenen »Arbeitsaufwände« thematisiert. Demgegenüber kann es (zunächst) einfacher erscheinen, eine überwiegend distanzierte Einstellung zum Gegenüber einzunehmen, um unerwünschte Emotionen oder Handlungen zu vermeiden – allerdings möglicherweise um den Preis, dass eine tragfähige Beziehungsgestaltung verhindert und damit letztlich unprofessionell agiert wird.

> **Reflexionsanstöße**
>
> Schröder (2017) hat sich auf die Heimerziehung beschränkt.
>
> - Versuchen Sie, Beispiele für die drei Formen der Emotionsarbeit aus anderen Arbeitsfeldern der Sozialen Arbeit zu finden.
> - Diskutieren Sie die »Vermeidungsthese«.

3.4 Weitere Themenfelder und Befunde

Über die in den vorangegangenen Unterkapiteln aufgezeigten Befunde hinaus, die sich vor allem auf das Konzept der Emotionsarbeit beziehen, beschreiben Bauer et al. (2018, S. 11f.) folgende Themenfelder, die Zusammenhänge von Gefühlen/Emotionen und professionellem Handeln betonen bzw. in den Blick nehmen:

- *belastende Erfahrungen* von und mit Adressat*innen mit Fokus auf den Verarbeitungsformen von Fachkräften unter unzureichenden Arbeitsbedingungen, wie Arbeitsverdichtung, Managerialisierung, Ökonomisierung und ihren Folgen wie beispielsweise Burn-out oder emotionaler Erschöpfung
- Kritik an *geschlechtsbezogenen Zuweisungspraktiken* von Emotionalität in der *Care-Debatte* mit Fokus auf der Auseinandersetzung mit unbezahlten bzw. schlecht

bezahlten Sorge- und Pflegearbeiten von Frauen sowie auf neuen Formen der Nutzung und Ausnutzung von Emotionalität in transnationalen Ausbeutungsverhältnissen
- *sexualisierte Gewalt* in pädagogischen Kontexten mit Fokus darauf, wie Organisationskulturen dazu beitragen, sexualisierte Gewalt zu tabuisieren oder zu befördern, und welche Reaktionen dies sowohl für Fachkräfte als auch für Adressat*innen haben kann, wenn beispielsweise aus Angst oder Unsicherheit jegliche körperliche Nähe mit Kindern vermieden soll
- *veränderte wohlfahrtsstaatliche Arrangements* mit Fokus darauf, wie oder für wen Scham und Beschämung in der neuen Mitleidsökonomie erzeugt werden
- *Analysepraktiken und Forschungsstrategien* mit Fokus darauf, wie Emotionen hinsichtlich der Analysepraktiken und Forschungsstrategien eigene Forschungsarbeiten beeinflussen können

Zusammenfassend können wir schlussfolgern, dass sich die Wissenschaft der Sozialen Arbeit seit ca. zehn bis 15 Jahren (wieder einmal) stärker mit emotionsbezogenen Aspekten professionellen Handelns befasst. Abschließend werfen wir einen kurzen Blick auf die internationale Forschungslandschaft zur Bedeutung von Emotionen für die Soziale Arbeit. Louise O'Connor (2019) wertete insgesamt 28 qualitativ angelegte, englischsprachig publizierte Studien aus den USA, Australien, Kanada, Dänemark, England, Finnland, Irland, Israel, Norwegen und Schottland aus, die sich damit befassten, was Sozialarbeitende unter Emotionen verstehen und wie sie diese praktisch nutzen.

Die theoretische Rahmung, die die Autorin für diese Analyse nutzte, basiert auf einem Verständnis von Sozialer Arbeit als beziehungsbasierter Praxis, in der verschiedene psychodynamische (bewusste und bewusste) Prozesse zum Tragen kommen. O'Connor geht davon aus, dass Emotionen relationale Konstrukte darstellen, in welche die Akteur*innen ihre Gefühle, Gedanken, Bedeutungen und Werte einbringen. Diese Konstrukte ergeben sich aus der Interaktion selbst sowie aus dem sozialen und kulturellen Kontext. Dabei spielen zum Beispiel Machtverhältnisse, Klasse, Geschlecht oder ethnische Herkunft eine Rolle und beeinflussen die konkreten *emotional scenarios* mit. Dies trifft auch für Interaktionen in Handlungsfeldern Sozialer Arbeit zu und betrifft folglich auch die Fachkräfte und ihre Handlungsstrategien. Im Ergebnis identifizierte O'Connor vier Themenfelder in den ausgewählten Studien, die über verschiedene Arbeitssettings hinweg als bedeutsam erscheinen:

- »Emotions as a dynamic relational resource«
- »Emotions as patterns of organisational and professional relationships«
- »Ambivalence, dissonance and distance«
- »the place of emotions in professionalism and identity«
(O'Connor, 2019, S. 652ff.).

Hinsichtlich der Befunde resümiert die Autorin unter anderem, dass Emotionen einerseits »dynamische Ressourcen für die Praxis sind« und interaktive und sinnstiftende Funktionen haben, Sozialarbeitende und Organisationen aber andererseits ambivalente »Einstellungen« dazu haben, wie oder wo Emotionen in die professionelle Praxis passen. Emotionen können positive Ressourcen für die professionelle und positive Beziehungsgestaltung darstellen; hierfür sind allerdings Reflexionskompetenzen unerlässlich. Zugleich geben die Studien Hinweise darauf, dass New-Public-Management-Systeme wenig Raum für die Anerkennung und Analyse emotionaler Dynamiken lassen, was deren Bedeutung eher negiert und in der Folge zu Unsicherheiten bzw. Ambivalenzen bei Fachkräften führen kann.

4 Emotionen unter der Lupe: Ärger

> **☞ Was Sie in diesem Kapitel lernen können**
>
> Kennen Sie das? Stellen Sie sich eine junge Frau vor, die im Team einer Tagesstätte für Menschen mit psychischen Erkrankungen arbeitet. Jeden Tag gibt es eine kurze Morgenrunde unter den Kolleg*innen. Die junge Frau weiß, dass sie gute Arbeit leistet und meldet sich zu Wort, wenn es etwas Wichtiges über Klient*innen oder Begebenheiten am Vortag zu sagen gibt. Es gibt einen Kollegen, der jedes Mal, wenn sie redet, über sie hinwegspricht und sie lauthals unterbricht. Jeden Morgen ärgert sich die Kollegin darüber aufs Neue.
>
> Im Folgenden werden wir uns eingehend mit den Auslösern und Konsequenzen der Emotion Ärger sowie mit dem Umgang mit ihr beschäftigen.

4.1 Definition und Folgen von Ärger

Ärger hat einen negativen Ruf und gilt im Alltag gemeinhin als unerwünscht, denn Ärger wird häufig mit Aggression und Gewalt assoziiert. Aus evolutionärer Sicht (Izard, 1991) handelt es sich dabei jedoch um eine Emotion, in der viel Erregung steckt, verbunden mit einem hohen Aktionspotenzial. Dadurch kann Ärger Menschen befähigen, in die Handlung zu kommen. So nutzen Menschen ihren Ärger und ihre Entrüstung, um gegen Ungerechtigkeiten auf die Straße zu gehen und zu demonstrieren (Borders & Wiley, 2020). Diese Emotion liefert also Energie dafür, schwierige Situationen zu bewältigen und die Dinge, die uns wichtig sind, zu verteidigen. Carroll Izard (1991) weist darauf hin, dass Ärger somit auch positiv erfahren werden kann. Er entsteht meistens, wenn Menschen eine Situation so bewerten, dass sie die Erreichung ihres Ziels blockiert sehen oder den Eindruck haben, dass etwas unfair ist (▶ Kap. 1.2.3). Wenn jemand versucht, uns anzugreifen oder zu verletzen, reagieren wir wahrscheinlich mit Ärger. Auch Beleidigungen, Verunglimpfungen oder Zurückweisungen machen Menschen wütend. Ärger ist Menschen leicht anzusehen, denn er geht mit einem sehr spezifischen und deutlich erkennbaren Gesichtsausdruck einher: der Mund wirkt zusammengepresst, der Corrugator-Muskel, auch Stirnrunzler genannt, furcht die Stirn, zieht die Augenbrauen zusammen und schiebt die Haut über der Nase zu einer senkrechten Falte zusammen. Gleichzeit ist das sympathische Nervensystem aktiv, lässt die Körpertemperatur ansteigen, erhöht die Atmung, den Puls und den Herzschlag. Wenn Menschen ärgerlich sind, wird meist die Stimme lauter.

Der Begriff Ärger deckt viele Spielarten dieser Emotion ab; es gibt ein breites Spektrum an Ärger-Empfindungen, die Menschen je nach Intensität oder Sozialisation unterschiedlich bezeichnen, als Wut, Zorn oder Rage. In der Regel richtet sich Ärger gegen Akteur*innen, die als verantwortlich für ein Fehlverhalten oder eine ungerechtfertigte Situation gesehen werden. Dies können sowohl andere Personen sein als auch man selbst. Im Beispiel oben könnte die Sozialarbeiterin sich über den Kollegen ärgern, der sie immer unterbricht, oder über sich selbst, weil sie sich dieses Verhalten gefallen lässt. Ärger gegenüber anderen Menschen kann durch Ignorieren, Kritisieren, Anschreien oder körperliche Übergriffe ausgedrückt werden. Diese Verhaltensweisen haben wahrscheinlich unterschiedliche Auswirkungen und diese hängen auch von der sozialen Rolle der Zielperson und der Angemessenheit der Äußerung ab. Wenn man sich einer engen Freundin gegenüber verärgert zeigt, weil sie einen Termin vergessen hat, wird das die Beziehung nicht schwerwiegend gefährden, während der gleiche Ausdruck von Ärger gegenüber einem Vorgesetzten, der einen Termin vergessen hat, eine weniger versöhnliche Reaktion hervorrufen könnte (van Kleef & Côté, 2007).

Grundsätzlich zählt Ärger zu den distanzierenden Emotionen. Wie in Kapitel 1 beschrieben dienen Emotionen nicht immer dazu, Beziehungsnähe zu erhöhen, sondern bewirken teilweise das Gegenteil, indem sie die soziale Distanz zwischen sich selbst und anderen Personen vergrößern (Fridlund, 2014; Oatley & Jenkins, 1992). Ärger scheint hier allerdings eine besondere Qualität zu besitzen. Wenn Menschen, insbesondere in Paarbeziehungen, ihren Ärger produktiv äußern, sodass die Zielperson sich entschuldigen oder ihr Verhalten ändern kann, kann dies langfristig die Beziehung stärken und zu mehr Nähe führen (Fischer & Evers, 2011). Ehekonflikte, die *wenig emotional* sind, in denen auch Ärger nicht kommuniziert wird, führen sogar eher zu einer Scheidung (Gottman & Levenson, 2000) als Konflikte, die von Emotionen begleitet sind. Interessant ist, dass wir scheinbar am ärgerlichsten auf Menschen sind, die wir am meisten lieben, vielleicht weil sie es sind, die uns auch am meisten verletzen und enttäuschen können (Ekman, 2003). Eine der gefährlicheren Eigenschaften von Ärger ist jedoch, dass er seinerseits Ärger im Gegenüber hervorrufen kann und sich diese Emotionen gegenseitig verstärken. Dies kann zu einer Eskalation führen und negative Auswirkungen auf zwischenmenschliche Beziehungen und das soziale Umfeld haben. Es ist daher wichtig, Strategien zur Emotionsregulation zu entwickeln, um den Ärger zu kontrollieren und zu verhindern, dass er sich weiter ausbreitet (▶ Kap. 10.1). Indem man alternative Bewältigungsmechanismen einsetzt, kann man diese Ärger-Spirale unterbrechen und ein positiveres und konstruktiveres Miteinander fördern, ohne den Ärger unterdrücken zu müssen. Denn das wäre ein falsches Signal: Ärger hat ebenso seine Berechtigung wie andere Emotionen, auch angesichts dessen, dass die unmittelbare Äußerung von Ärger den Preis haben kann, dass Beziehungen zumindest kurzfristig geschädigt und ärgerliche und wütende Menschen von anderen weniger gemocht werden (Anderson & Bushman, 2002). Es ist jedoch wichtig zu beachten, dass die Art und Weise, *wie* Menschen ihren Ärger ausdrücken und umsetzen, einen entscheidenden Unterschied machen kann, und dass Menschen im Allgemeinen gut damit fahren, ihren Ärger konstruktiv zu kanalisieren und auf positive Weise zu äußern.

Ein Thema, dem wir häufig begegnen, sind Kinder, die angeblich schwierig sind, deren Ärger den Eltern oder Fachkräften in unterschiedlicher Form Probleme bereitet. Ärger, Wut, Zorn und Gewalt bei Jugendlichen gelten als eine Herausforderung innerhalb der Sozialen Arbeit. Die Forschung im Bereich der Entwicklungspsychologie verdeutlicht in diesem Zusammenhang, dass die wenigsten Kinder absichtlich »böse sind«, sondern dass vielmehr ein ungünstiges familiäres oder sozialen Klima zu einer Herausforderung für das Gefühlsleben von Kindern werden kann (Morris et al., 2007) und diese Herausforderungen unter Umständen destruktiv bewältigt werden (Böhnisch, 2016). Wenn die Bedürfnisse eines Kindes nicht angemessen aufgefangen werden können und Eltern, andere Erziehungsberechtigte, Lehrkräfte und Pädagog*innen sich mit den Bedürfnissen und Emotionen der Kinder überfordert fühlen oder ablehnend auf diese reagieren, können sich Interaktionsprobleme zwischen dem Kind und seiner Umwelt entwickeln (Eisenberg et al., 1996). Dieser ungünstige Interaktionszyklus kann zu einem Teufelskreis führen, in dem das Kind versucht, mit einem aggressiven oder feindseligen Interaktionsstil in der Familie oder in seinem Umfeld »zu überleben« (Morris et al., 2007). Diese Verhaltensmuster erhöhen jedoch die Gefahr der Ablehnung durch andere und können langfristige negative Auswirkungen auf das Kind haben.

Beispiel: Umgang mit Ärger in einer Wohngruppe der Kinder- und Jugendhilfe

In einem Beobachtungsprotokoll beschreibt der Forscher folgende Szene, die sich zwischen dem Wohngruppenbewohner Max (neun Jahre) und den Fachkräften Katrin und Katharina abspielt:

»Ich setze mich wieder an den Küchentisch und beobachte Katharina gerade dabei, als sie Max fragt, ob er mit ihr sein Zimmer aufzuräumen [sic] möchte. Sie steht im Türrahmen zum Eingangsbereich. Max sitzt mir gegenüber am Küchentisch und mit dem Rücken zu Katharina. Er isst gerade ein paar Süßigkeiten und erklärt, er wolle seine gewaschene Hose jetzt SOFORT haben, bevor er sein Zimmer aufräumt. Katharina steht hinter ihm und antwortet, er könne seine Hose haben, wenn er sein Zimmer aufgeräumt hat. Max verzieht plötzlich sein Gesicht, er kneift die Augen zu, seine Mundwinkel sind nach unten gezogen und starrt von seinem Platz aus auf den Boden. Plötzlich läuft sein Gesicht rot an, und er fängt laut an zu schreien, er wolle seine Hose jetzt haben, vorher mache er sein Zimmer nicht sauber. Wieso er unverzüglich seine Hose haben möchte, kann ich nicht nachvollziehen und mir erschließt sich der Sinn daher nicht so ganz. Auf jeden Fall wirkt er auf mich ziemlich erregt und wütend. Katharina, die immer noch etwas abseits von Max steht, versucht in einer bestimmenden[,] aber doch ruhigen Tonlage ihn dazu aufzufordern, dass er dennoch erst einmal sein Zimmer aufräumen solle. Er verweigert sich und möchte jetzt doch endlich mal seine Hose haben. Katrin betritt die Küche. Sie beobachtet die Situation zuerst als passive Teilnehmerin. Nach ca. zwei bis drei Minuten schaltet sie sich dann aktiv

> in die Situation ein und setzt sich zu Max an den Tisch. Sie fackelt nicht lange und bringt ihre Empörung zum Ausdruck, wie er mit Katharina spricht. Ich notiere mir Sätze wie ›Was ist denn, wenn man so mit anderen spricht. Du möchtest doch auch nicht, dass man so mit dir spricht«, »Spricht die Katharina so mit dir? Nein! Ich kann das verstehen, dass Katharina dir deine Hose nicht geben will‹ sowie ›wenn du so mit mir umgehen würdest, würde mir überhaupt nicht gefallen, wenn man so unfreundlich ist. Da würde ich sagen, was ist denn mit dem los.‹ Aber auch sie hat keine Chance, mit ihm die Situation zu klären. Max bleibt dabei, er will seine Hose sofort haben. Als er dies zum wiederholten Male sagt, schreit er so laut, dass seine Stimme sich überschlägt, sein Gesicht wird wieder rot. Katrin steht auf und sagt: ›Nee, jetzt ist vorbei, so nicht, jetzt red ich nicht mehr mit dir‹. Sie verlässt den Raum in Richtung Esszimmer (Beobachtungsprotokoll vom 25.03.14, Z. 105–133)« (Schröder, 2017, S. 226).

Um solche negativen Entwicklungen zu verhindern, ist es von großer Bedeutung, dass Fachkräfte oder auch erwachsene Bezugspersonen generell über *Emotionswissen* verfügen und damit die Sinnhaftigkeit von Emotionsäußerungen nachvollziehen können. Auf diese Weise können Kinder und Jugendliche lernen bzw. (professionell) darin unterstützt werden, alternative Bewältigungsstrategien zu entwickeln, die es ihnen ermöglichen, ihre Emotionen auf konstruktive und »gesunde« Weise auszudrücken. Dadurch wird nicht nur ihr individuelles Befinden gestärkt, sondern es werden die Grundlagen für positive und unterstützende Beziehungen in ihrer Umwelt geschaffen (Eisenberg et al., 2003). Wichtig ist folglich die Rolle der Erwachsenen – Kinder benötigen für eine gute Entwicklung des Umgangs mit Emotionen Vorbilder und Rollenmodelle, die ihnen zeigen, wie man Ärger auf angemessene Weise reguliert. Erwachsene können durch ihr eigenes Verhalten zeigen, dass es normal und akzeptabel ist, Ärger zu empfinden, und dass es verschiedene Wege gibt, diesen auszudrücken und zu kanalisieren. Es ist wichtig anzuerkennen, dass der Umgang mit Emotionen ein lebenslanger Lernprozess ist, der bei Kindern bereits in jungen Jahren beginnt.

Dennoch hat die Forschung gezeigt, dass Menschen nicht gleichermaßen zugestanden wird, ihren Ärger offen zu äußern. Larissa Tiedens (2001) untersuchte, wie Männer und Frauen in Führungspositionen wahrgenommen werden, wenn sie Ärger äußern. Unter sonst gleichen Bedingungen wurden ärgerliche männliche und weibliche Führungskräfte unterschiedlich bewertet. Tiedens und ihre Kolleg*innen fanden heraus, dass Frauen, die ihre Wut in einer beruflichen Umgebung ausdrückten, als weniger kompetent und weniger geeignet für eine Führungsposition angesehen wurden als Männer, die ihrer Wut Ausdruck verliehen. Insbesondere wurden dieselben Äußerungen bei Frauen als emotional und wankelmütig eingestuft, die bei Männern als entschlossen und durchsetzungsstark wahrgenommen wurden. Dieses Phänomen wurde als *anger bias* bezeichnet und deutet darauf hin, dass Frauen im Arbeitskontext bestraft werden, wenn sie Ärger zeigen, während Männer davon sogar profitieren. Victoria Brescoll und Eric Uhlmann (2008) replizierten die Studie von Tiedens in drei weiteren Untersuchungen. Sie erstellten Videos, die angeblich Vorstellungsgespräche zeigten. Es wurde darauf geachtet, dass die Personen im Video (Mann oder Frau) hinsichtlich Attraktivität, Alter und Ethnizität weitgehend vergleichbar eingestuft wurden. Die gesprochenen Texte waren bei allen Kandidat*innen identisch und in allen Videos trugen diese Anzüge und saßen an einem Tisch in einem Büro. Der Interviewer war nicht im Blickfeld der Kamera. Die Bewerber*innen beschrieben im Interview einen Vorfall, bei dem ein Kollege wichtige Arbeitsunterlagen verloren hatte, und auf die Frage des Interviewers, wie sie sich dabei gefühlt hatten, antworteten sie, dass der Vorfall sie wütend gemacht habe. Die Versuchsteilnehmenden sahen je eins dieser Videos und wurden dann aufgefordert, ein Einstiegsgehalt festzulegen und die Kompetenz der Bewerberin bzw. des Bewerbers einzuschätzen. Auch hier zeigte sich, dass die ärgerliche weibliche Kandidatin als weniger kompetent eingeschätzt wurde als der männliche Bewerber. Weiterhin legten die Versuchsteilnehmer*innen für den männlichen ärgerlichen Mitarbeiter im Durchschnitt signifikant höhere Einstiegsgehälter fest als für die weibliche ärgerliche Mitarbeiterin, obwohl beide identische Qualifikationen hatten. Während die emotionale Reaktion der Frau auf interne Charaktereigenschaften zurückgeführt wurden (z.B. »Sie ist eine wütende, unkontrollierte Person«), wurde die emotionale Reaktion des männlichen Bewerbers auf äußere Umstände (»unverschämte Frage des Interviewers«) zurückgeführt. Weitere Studien bestätigen diese Befunde und zeigen darüber hinaus, dass Personen mit hohem Status und in Machtpositionen auf negative Ereignisse eher mit Wut als mit Traurigkeit oder Schuld reagieren (Kuppens et al., 2004; van Kleef & Côté, 2007). Die Wissenschaftler*innen schlussfolgern aus den vorliegenden Studien, dass Ärger, der von Personen in Machtpositionen geäußert wird, als Kompetenz gedeutet wird, während von Personen in unterlegenen Positionen oder in Abhängigkeitsverhältnissen in der gleichen Situation eher Schuld als emotionale Reaktion erwartet wird.

Diese und andere Studien deuten darauf hin, dass der Ausdruck von Ärger je nach sozialem Kontext und Machtposition unterschiedlich bewertet wird. Personen in höheren Machtpositionen können Ärger als Ausdruck ihrer Kompetenz nutzen, während Personen in unterlegenen Positionen häufig negative Konsequenzen erfahren. Dieses Machtgefälle im Umgang mit Ärger lässt sich auch in pädagogischen und sozialen Institutionen beobachten.

In Einrichtungen wie beispielsweise der Heimerziehung manifestieren sich diese Machtasymmetrien in spezifischen Normen und Erwartungen bezüglich des Emotionsausdrucks. Die Kinder und Jugendlichen in solchen Institutionen erleben häufig, dass ihr Ärger nicht nur unerwünscht ist, sondern auch negative Folgen nach sich zieht. Dies wird besonders deutlich in den folgenden Beispielen aus Schröders ethnografischer Studie zur Emotionsarbeit in der Heimerziehung (Schröder, 2017; ▶ Kap. 3.2). Diese Zitate verdeutlichen, dass es in pädagogischen Institutionen und sozialen Einrichtungen implizite, aber auch explizite Normen und Erwartungen gibt, die sich auf das Zeigen von Emotionen beziehen. Expliziert werden diese zum Beispiel in Hausordnungen, Gruppenregeln und ähnlichen Vereinbarungen und Dokumenten, die häufig auch Erwartungen und Verhaltensanforderungen in Hinblick auf die erwünschte Kommunikation und damit auch auf Emotionsausdrücke enthalten. Beispiele hierfür sind: »Wir schauen uns in die Augen beim Reden«, »Wir schreien uns nicht an«, »Wir beleidigen uns nicht«. Damit verbinden sich häufig auch Konsequenzen oder Sanktionen, die allerdings nur bezogen auf die

Adressat*innen hin formuliert werden und weniger das Verhalten der Fachkräfte regulieren.

> »Sina: Also wirklich, die verlangen von einem, dass du 24 Stunden nur am Lachen, hältst dein Zimmer in Ordnung, machst deine Ämter und dann darfst du alles« (Schröder, 2017, S. 224).

> »Simon: Die wollen am liebsten, dass wir den ganzen Tag grinsen, freundlich sind und uns an die Regeln halten. Aber dass das nicht funktioniert, verstehen die einfach nicht« (ebd.).

> »Sina: Sobald dann aber, sobald du dein Amt nicht ordentlich gemacht hast, weil du gerade sauer warst, was eigentlich ein Tag davor gelaufen ist, musst du am nächsten Tag für jeden Scheiß ... Ey, das ist voll unfair« (ebd., S. 225).

Im Gegensatz zu privaten Situationen, in denen natürlich auch bestimmte situative Anforderungen und Normen wirksam sind, wird über derartige Regelwerke versucht, verbindlich und vermeintlich transparent zu regeln, welche Konsequenzen zum Beispiel bestimmte Äußerungen haben können. Insbesondere in Einrichtungen, die mit Phasenmodellen oder Tokensystemen arbeiten, wird versucht, über möglichst viele Regeln das Verhalten der Kinder und Jugendlichen zu regulieren (zur vertieften Auseinandersetzung vgl. Degener et al., 2020; Lindenberg & Lutz, 2021, v. a. S. 84 ff.). Außer Acht gelassen werden dabei häufig die einzelnen Personen in den konkreten Situationen. Nun geht es uns hier nicht darum, den Sinn von Regeln und Ordnungen gänzlich infrage zu stellen, allerdings sollten diese kritisch überprüft werden:

Reflexionsfragen

Wenn Sie an das Beispiel aus der Heimerziehung denken:

- Wie sind Regeln und Ordnungen entstanden?
- Wer war daran beteiligt?
- Welche Machtpositionen kommen darin zum Tragen?
- Wie hängt dies mit dem erlebten Ärger zusammen?

Mit Blick auf unser Thema:

- Welche Emotionsausdrücke werden zugelassen?
- Welche werden sanktioniert?
- Wird die Funktionalität aller Emotionen in den Regeln deutlich?
- Welche Alternativen werden mitgedacht?

4.2 Fazit und Implikationen für die Praxis

In den vorangegangenen Beispielen wird deutlich, dass je nachdem, wer und aus welcher Position heraus seinen/ihren Ärger zeigt, diese Person mit unterschiedlichen Reaktionen konfrontiert werden kann. So thematisieren die beiden Jugendlichen Sina und Simon, dass sie die Erwartung der Fachkräfte wahrnehmen, wie ihr Gefühlsausdruck bei der Erledigung der »Ämter« zu sein hat. Sich nach außen hin freundlich verhalten, die Ämter zu erledigen und ihre Zimmer ordentlich zu halten, geht einher mit bestimmten Privilegien. Wer sauer ist und sich nach außen hin auch so präsentiert, muss mit Sanktionen rechnen. In den Darstellungen der beiden Jugendlichen deutet sich an, dass die erzieherischen Zugriffe über die Privilegien und Sanktionen generiert werden. Sie erhalten seitens der Fachkräfte damit auch eine Rückmeldung dazu, welcher Gefühlsausdruck als angemessen bzw. als nicht angemessen bewertet wird (vgl. zur Interpretation der Szenen auch Schröder, 2017, S. 224ff.).

In der Szene mit dem neunjährigen Max werden durch die beteiligten Erwachsenen eher die Sachaspekte betont, die (eigenen) Gefühle, die das Kind zeigt, werden beiseitegeschoben bzw. als nicht angemessen bewertet. Nehmen wir die Funktionen von Ärger ernst (z. B. Aufzeigen eigener Grenzen, s. o.), kann es nicht darum gehen, diesen Gefühlsausdruck als per se nicht zulässig zu bewerten und zu sanktionieren; vielmehr ist auch dieser zunächst als Marker ernst zu nehmen und es sollte gegebenenfalls gemeinsam nach sozial verträglichen Ausdrucksformen gesucht werden (▶ Kap. 10.1).

Für einen professionelleren Umgang mit Situationen, die uns ärgerlich werden lassen, kann die Auseinandersetzung mit der eigenen *Ärgergeschichte* hilfreich sein. In Seminarkontexten können die Teilnehmer*innen zum Beispiel angeregt werden, ihre eigene Ärgergeschichte aufzuschreiben und sich darüber auszutauschen.

Übung: Meine Ärgergeschichte

Bitte beschreiben Sie (auch stichwortartig), wer Ihnen gezeigt hat, wie Sie Ihren Ärger ausdrücken sollen, wie und wann Sie sich aggressiv verhalten sollen. Was ist Ihnen vermittelt worden? Ihre Ärgergeschichte können Sie und auch die anderen Gruppenteilnehmer*innen am besten verstehen, wenn Sie uns einige Beispiele nennen.

Quelle: Lindenmeyer, J. (2015): *Therapie Tools: Offene Gruppen.* Weinheim und Basel: Beltz (S. 83).

Ärger in Zusammenhang mit Konflikten kommt in unterschiedlichen Arbeitsfeldern der Sozialen Arbeit vor. Es kann deshalb hilfreich sein, eine Systematik zur Hand zu haben, mit der sich Ärger und Konflikte analysieren lassen. Herrmann (2013) bietet dazu eine Arbeitshilfe an, die über verschiedene Fragen eine entsprechende Hilfestellung bieten möchte (s. Kasten).

Reflexionsfragen

- Wer sind die (im Moment erkennbaren) Konfliktbeteiligten?
- Wie weit ist der Konflikt eskaliert?
  - erste Einordnung: Debatte, (Macht-)Spiel, Kampf
- Wo wird der Konflikt ausgetragen?
  - in der *Lebenswelt* der Klient*innen oder in einer *Institution*?
- Wo ist der »eigene Ort« der Fachkraft in dieser Konfliktsituation?
  - äußere Verwicklung: Ist sie selbst Konfliktbeteiligte oder unbeteiligt? Hat sie hier einen beruflichen Auftrag zu erfüllen? Gibt es widersprüchliche Aufträge bzw. Erwartungen an sie?
  - innere *Verwicklung*: Sind starke eigene Emotionen, Ängste, Bedürfnisse, Interessen vorhanden, vor allem dann, wenn sie selbst am Konflikt beteiligt ist?
- Was sollten die nächsten Handlungsschritte der Fachkraft sein?
  - Ist die Fachkraft ausreichend kompetent bzw. zuständig für die weitere Arbeit?
  - Muss sie noch etwas im Sinne einer Auftragsklärung tun?
  - Müssen andere Institutionen einbezogen werden oder der Konflikt an eine andere Institution abgegeben werden?
  - Sind wichtige lebensweltliche bzw. institutionelle Anforderungen erkennbar, die bei den nächsten Handlungsschritten beachtet werden müssen?

Wenn die Fachkraft für die Konfliktbearbeitung verantwortlich bleibt:

- Müssen aktuell Schritte unternommen werden, damit der Konflikt nicht weiter eskaliert? Wenn ja: Wer wird dafür gebraucht?
- Wie kann sie schnell weitere Informationen über die Entstehung und die Merkmale der Konfliktsituation bekommen?

Quelle: Herrmann, F. (2013): *Konfliktkompetenz in der Sozialen Arbeit. Neun Bausteine für die Profis in der Jugendhilfe.* München und Basel: Ernst Reinhardt Verlag (S. 139 ff. – leicht angepasst).

5 Emotionen unter der Lupe: Schuld und Scham

> ☞ **Was Sie in diesem Kapitel lernen können**
>
> Stellen Sie sich folgende Situation vor: Eine alleinerziehende Mutter, die in einem prekären finanziellen Umfeld lebt, hat Schwierigkeiten, die Bedürfnisse ihrer Kinder so zu decken, wie sie es eigentlich gerne möchte. Sie hat deswegen ein schlechtes Gewissen und hadert damit, sich Unterstützung zu holen. Die Sorgen darüber, als unfähig wahrgenommen zu werden, belasten sie emotional stark. Schuld und Scham sind komplexe Emotionen, die im Kontext der Sozialen Arbeit eine bedeutende Rolle spielen und im Folgenden genauer untersucht werden.

5.1 Schuld

Die »moralische« Seite von Schuld ist in der Literatur intensiv diskutiert worden. Schuld wird üblicherweise definiert als ein selbstbezogenes, aversives Gefühl, das anzeigt, dass man gegen soziale oder moralische Normen verstoßen, jemanden verletzt oder jemandem Schaden zugefügt hat (Lewis, 1971). Typische Beispiele sind das Vergessen von wichtigen Terminen wie Geburtstagen, jemanden zu hintergehen oder einen Gegenstand zu beschädigen, der einer anderen Person gehört. Schuldgefühle kommen dann auf, wenn man sich für dieses Vergehen oder den Normverstoß verantwortlich fühlt (z. B. Roseman et al., 1990). Dabei fokussiert Schuld insbesondere auf Verhaltensweisen, die wir anderen gegenüber an den Tag legen. Es gibt nur wenig Evidenz, dass wir starke Schuld uns selbst gegenüber verspüren. Ausnahmen sind beispielsweise Schuldgefühle, wenn wir ein Ziel erreichen wollten, zum Beispiel eine Diät einhalten (Giner-Sorolla, 2001), es aber nicht geschafft haben. Schuld konzentriert sich somit stark auf die soziale Folge einer spezifischen Handlung.

Schuld und Scham gehören zu den Emotionen, die im Laufe der ontogenetischen Entwicklung eines Menschen relativ spät auftreten (z. B. Barrett et al., 1993). Diese Emotionen zu verspüren erfordert einerseits einen gewissen Grad an Selbstbewusstsein, den insbesondere Säuglinge und junge Kleinkinder noch nicht aufweisen, andererseits ein grundlegendes Wissen über soziale Normen und Erwartungen, die es zu erfüllen gilt (Erikson, 1991 [1963]; Kagan, 1981). Schuld und Scham werden deshalb von June Tangney und Jessica Tracy, zwei bekannten Emotionsforscherinnen, als selbstfokussierte Emotionen (*self-conscious emotions*, Tangney & Tracy, 2012) bezeichnet, die Menschen nahezu automatisch für das Selbst relevantes Feedback darüber geben, wo sie sozial stehen und wie sie in sozialen Kontexten gesehen werden. Schuld und Scham gelten somit als höhere kognitive Emotion, die wir wahrscheinlich nur mit wenig anderen Lebewesen, insbesondere den Primaten, teilen. Im Vergleich zu Ärger, der im vorherigen Kapitel beschrieben wurde, können Schuldgefühle nicht unbedingt über einen eindeutigen Gesichtsausdruck oder eine bildhafte Körperhaltung von außen identifiziert werden. Bei Scham ist das etwas anders, wie wir später noch darlegen. Scham wird oft von einem Erröten des Kopfes begleitet, das wir nicht kontrollieren können – im Gegenteil: Je mehr wir versuchen, uns die Scham nicht anmerken zu lassen, desto mehr werden wir rot und kommen ins Schwitzen. Interessant ist, dass wir nur erröten, wenn andere anwesend sind. Dazu später mehr.

Schuld ist im Wesentlichen eine soziale Emotion, die uns und den Menschen um uns herum signalisiert, dass wir uns Sorgen um die soziale Welt machen, über Menschen, denen wir möglicherweise geschadet haben, oder über soziale Normen, die wir verletzt haben. Evolutionär ist Schuld wahrscheinlich entstanden, um uns zu helfen, soziale Beziehungen zu regulieren, zu reparieren und aufrechtzuerhalten (Baumeister et al., 1995; Roseman et al., 1994; Tangney & Dearing, 2002; Trivers, 1971). Schuld kann dazu führen, dass Menschen Verantwortung für ihr Handeln übernehmen und sich bemühen, wieder miteinander ins Reine zu kommen. Zum Beispiel sind Personen, die sich schuldig fühlen, oft eher bereit ihre Fehler zu gestehen und Wiedergutmachung zu leisten als Personen, die keine Schuld empfinden. Neuere Forschung zeigt, dass Menschen sogar Selbstbestrafung als Verhaltensreaktion auf Schuld einsetzen, wenn es keine Möglichkeiten zur Wiedergutmachung des eigenen Fehlverhaltens gibt (Bastian et al., 2011; Nelissen, 2012; Nelissen & Zeelenberg, 2009). Sollte eine korrigierende Handlung nicht möglich sein, sei es in Gedanken, Worten oder Taten, so ist es möglich, dass ein Schuldgefühl zu einer internalisierten Schamerfahrung wird.

Bereits das Antizipieren von Schuld kann dazu führen, dass wir bestimmte Handlungen gar nicht erst realisieren. Schon der Gedanke daran, wie schlecht wir uns fühlen würden, wenn wir ein bestimmtes Verhalten zeigen würden (z. B. Fremdgehen in einer Beziehung, vgl. Apostolou & Panayiotou, 2019), kann uns davon abhalten, diese Handlungen auszuführen, und uns helfen, auch verlockenden Versuchungen zu widerstehen. Schuldgefühle spielen dabei eine wichtige Rolle, weil sie oft als prosozial betrachtet werden. Das bedeutet, dass sie uns motivieren können, uns so zu verhalten, dass es dem Wohl anderer dient, indem sie uns dazu anregen, moralische Normen einzuhalten, Beziehungen zu schützen und Schaden für andere zu vermeiden. Allerdings gibt es hitzige wissenschaftliche Diskussionen dazu, wie prosozial Schuldgefühle tatsächlich sind, da manche Forscher*innen argumentieren, dass sie auch negative Folgen wie übermäßigen Stress oder Selbstbestrafung verursachen können, die nicht unbedingt dem Wohl der Gemeinschaft dienen. Gleichzeitig kann die Vermeidung von Schuld dazu führen, dass Menschen Mechanismen wie moralische Distanzierung oder die Rechtfertigung ihres Handelns einsetzen, um ihre Verantwortung zu minimieren und sich von den emotionalen Konsequenzen ihres Verhaltens zu entlasten.

Das heißt, neben der Tendenz, etwas wiedergutmachen zu wollen, beobachtet man in der Psychologie auch andere Verhaltensweisen als Folge von Schuldgefühlen. So können Menschen auch dazu neigen, ihre Taten herunterzuspielen, zu verneinen oder im Extremfall Opfer abzuwerten (bekannt als *vicitim blaming* oder Täter-Opfer-Umkehr). In der Literatur ist dazu der Begriff Moralisches Disengagement bekannt (Bandura, 1999). Gut untersucht ist dieser Prozess in Zusammenhang mit dem sogenannten Vergewaltigungsmythos (engl. *rape myth*) und der Bagatellisierung sexualisierter Gewalt. Insbesondere Menschen, die glauben, dass es in der Welt grundsätzlich gerecht zugeht, neigen dazu, Opfern von Gewaltdelikten wie einer Vergewaltigung zumindest eine Teilschuld zu geben (Bohner et al., 2013). Schuldgefühle sind so aversiv, das heißt, sie fühlen sich so unangenehm an, dass Menschen verschiedenste Strategien entwickelt haben, sie gar nicht erst zuzulassen oder sie so schnell wie möglich zu regulieren, auch wenn es bedeutet, dass damit Beschädigte weiter belastet werden. Auch bei Fällen von Mobbing wird den Opfern nicht selten eine Mitschuld am grausamen Verhalten der Täter*innen zugewiesen.

5.2 Scham

Ähnlich wie bei Schuld gibt es auch bei Scham eine »moralische« Dimension, die in der wissenschaftlichen Literatur ausführlich diskutiert wird. Scham ist eine Emotion, die als selbstbezogen und aversiv wahrgenommen wird, aber sie unterscheidet sich von Schuld in wichtigen Aspekten. Im Gegensatz zu Schuld, die auf das Verhalten fokussiert, das anderen gegenüber gezeigt wurde, konzentriert sich Scham auf das Selbst. Schamgefühle treten auf, wenn eine Person das Gefühl hat, sozialen oder moralischen Normen nicht gerecht zu werden (Tangney & Dearing, 2002). Anders ausgedrückt: Schamgefühle entstehen aus der Sorge darüber, ob wir »richtig« sind. Scham ist eine äußerst selbstbezogene Emotion und kann das Selbstwertgefühl erheblich beeinträchtigen. Es ist eine emotionale Reaktion darauf, dass man glaubt, in den Augen anderer Menschen versagt zu haben, oder darauf sich selbst als minderwertig zu empfinden. Im Vergleich zu Schuldgefühlen, die dazu führen können, dass Menschen Verantwortung für ihr Handeln übernehmen und Wiedergutmachung leisten, führt Scham oft dazu, dass Menschen sich zurückziehen und sich selbst abwerten. Es existieren mehrere Metaanalysen, die einen starken Zusammenhang zwischen Schamgefühl und Depression zeigen (Kim et al., 2011).

In der Sozialen Arbeit ist es wichtig, die Auswirkungen von Scham auf Klient*innen zu verstehen und einfühlsam auf ihre Bedürfnisse einzugehen. Hierfür ist es unerlässlich, dass auch die Strukturen und Bedingungen von Angeboten und Maßnahmen selbst dahingehend überprüft werden, inwieweit sie möglicherweise schamauslösende Momente enthalten. Neben dem Blick auf die Institutionen gilt dies auch für das konkrete Handeln der Fachkräfte. In den letzten Jahren lässt sich entsprechend eine Reihe verstärkter Auseinandersetzungen mit Scham und Beschämung in den Erziehungswissenschaften und der Sozialen Arbeit konstatieren. Dabei rücken einerseits soziale Ungleichheitsbedingungen bzw. Armut und veränderte wohlfahrtsstaatliche Arrangements ins Blickfeld, Strafpraktiken und Etikettierungsprozesse in erzieherischen Kontexten, aber auch Reflexionen zur (Nicht-)Inanspruchnahme sozialer Dienstleistungen (zum Überblick vgl. Blumenthal, 2023; 2018; Frost et al., 2020).

Auf den Zusammenhang zwischen Hilfe und Scham hat bereits Eberhard Bolay (1998) hingewiesen. Es kann hierbei davon ausgegangen werden, dass die (freiwillige oder auch erzwungene) Inanspruchnahme von Leistungen und die damit verbundenen Prozesse der Klientifizierung in einer Gesellschaft, in der das autonome leistungsstarke Subjekt die »Leitnorm« darstellt, nicht ohne Folgen für die Subjekte bleiben, die (vermeintlich) mit dieser Norm brechen. Demnach stellt die Situation »Hilfe zu erhalten [...] einen Bruch mit der herrschenden Leistungs- und Äquivalenzannahme dar. Noch vor jeder konkreten Hilfehandlung ist so bereits strukturell die Möglichkeit der Scham und Beschämung in der verberuflichten Hilfe angelegt« (ebd., S. 36f.). Hilfe zu erhalten kann mit dem Gefühl des Versagens einhergehen (»Ich genüge nicht«) – insbesondere dann, wenn die Inanspruchnahme von Hilfeleistung als persönliche Niederlage gedeutet wird, als Versagen eigener Handlungsversuche (ebd.).

Scham entsteht dabei also über den Differenzabgleich zwischen dem idealen Selbst, den verinnerlichten Normen und den Normen, die man als nicht erfüllt einschätzt. Darin wird das Soziale an der Scham auch besonders deutlich – zum einen über die verinnerlichten Normen, die immer auch Ausdruck von gesellschaftlichen Wertvorstellungen sind, zum anderen in der Vergleichsperspektive, mit welcher der »Blick« und die Meinung der Anderen den Bezugspunkt bilden. Die Beurteilung des eigenen Selbst anhand der übernommenen Bewertungen und der antizipierten Einschätzung seitens Anderer beschränkt sich nicht auf das Verhältnis von Person zu Person, sondern findet auch auf der Ebene von Gruppenzugehörigkeiten statt. Scham beinhaltet demnach die Erfahrung oder Annahme, die Anerkennung der eigenen Person (auch aufgrund von Gruppenzugehörigkeit) durch Andere verweigert zu bekommen.

Scham wird in der Sozialen Arbeit von daher als äußerst »soziale Emotion« diskutiert, Schuld wird weniger thematisiert. Die Emotion Scham verdeutlicht die vorherrschenden gesellschaftlichen Standards und Normen, damit auch den zugewiesenen »Platz« und das (fehlende) Ansehen von Gruppen in Gesellschaften, und trägt zur (symbolischen) Reproduktion sozialer Ungleichheit bei. Sighard Neckel, dessen grundlegende schamtheoretische Überlegungen auch in Forschungsarbeiten der Sozialen Arbeit stark rezipiert wurden, hat sich vor allem auch mit dem Verhältnis von Status, Scham/Beschämung und Macht auseinandergesetzt und damit den Fokus auf soziale Ungleichheit und gesellschaftliche Verhältnisse gelenkt. Scham und Beschämung bilden dabei unterschiedliche Seiten eines Kommunikationskontextes und verweisen auf ungleiche Machtverteilung – »jemanden beschämen zu können, [drückt] die Macht aus, die ich über ihn erlangt habe«, während auf der anderen Seite die Person, die beschämt wird, dies auch als Machtverlust erfährt und im Schamgefühl Unterlegenheit spürt (Neckel, 1991, S. 17).

Scham »geht einher mit der Minderung oder gar dem Verlust an Anerkennung durch andere und untergräbt das Selbstwertgefühl« (Bolay, 1998, S. 32). Damit wird sie

> »zu einer zentralen Kategorie der Analyse feiner Unterscheidungsprozesse von Macht und Ohnmacht, Statusgewinn oder -verlust, Anerkennung oder verweigerter Anerkennung. [...] Wer sich schämt, zeigt sich bemächtigbar, wer beschämt, wem es also gelingt, andere zu beschämen, der erfährt einen Machtzuwachs« (ebd., S. 33).

In der Folge kann das Sich-Schämen bzw. Beschämt-Werden mit Rückzug und Isolation einhergehen und zum Beispiel dazu führen, dass bestehende Rechte nicht in Anspruch bzw. Angebote nicht wahrgenommen werden – oder nur um den Preis, dass die Selbstachtung bzw. das Selbstwertgefühl leidet.

Diese Zusammenhänge hat Holger Schoneville am Beispiel der Lebensmittelausgaben der »Tafel« untersucht und dabei gezeigt, dass und wie die positiven Selbstbeziehungen von Nutzer*innen hierdurch angegriffen werden. Die Lebensmitteltafeln als Angebote, die außerhalb des sozialstaatlichen Arrangements realisiert werden und auf »Mildtätigkeit« (Lebensmittelspenden und ehrenamtlichem Engagement) beruhen, sind demnach ein sozialer Ort, mit dem gesellschaftliche Wert- und Statuszuschreibungen einhergehen und hier konkret Emotionen der Scham auf der einen Seite und der Missachtung auf der anderen Seite als emotionale Ausdrucksformen von Armut und Ausgrenzung hervorrufen können (Schoneville, 2013; 2017). Nutzer*innen erhalten über Lebensmittelausgaben keine Leistung, auf die sie ein Recht haben, sondern werden zu Empfänger*innen von »mildtätigen Gaben«. Die Existenz von spendenbasierten Angeboten wie Lebensmittelausgaben oder Kleiderkammern wird aus diesem Grund auch als Ausdruck einer (neuen) »Mitleidsökonomie« analysiert und problematisiert, auf die Millionen von Menschen angewiesen sind – ohne ein Recht auf verlässliche Hilfe im Wohlfahrtsstaat zu haben (vgl. dazu Kessl & Schoneville, 2024).

Ein weiteres Themenfeld Sozialer Arbeit, das über schamtheoretische Perspektiven stärker reflektiert werden könnte, stellt die (fehlende) Selbstvertretung und Selbstorganisation von Adressat*innen und Nutzer*innengruppen Sozialer Arbeit dar. So ist es sicher kein Zufall, dass beispielsweise im Feld der Hilfen zur Erziehung bisher das Thema »Elternselbstvertretung in den Hilfen zur Erziehung« konzeptionell und praktisch wenig im Fokus der Kinder- und Jugendhilfe (KJH) steht bzw. es bislang keine Selbstvertretungsstrukturen von Eltern bzw. von Müttern und Vätern, deren Kinder (zeitweise) in Wohngruppen leben, gibt (vgl. Düring, 2024). Mit Blick auf gesellschaftliche Normierungen kann einerseits konstatiert werden, dass die gesellschaftlichen Erwartungen an Eltern oder Familien im Allgemeinen sehr hoch sind – allerdings sind es nach wie vor die Mütter, die den überwiegenden Anteil der Sorge- und Erziehungsarbeit übernehmen (dazu auch BMFSFJ, 2021). Dass historisch gesehen an Mutterschaft in patriarchalisch strukturierten Gesellschaften schon (immer) enorme oder auch unerfüllbare Erwartungen mit Blick auf Aufgaben/Verantwortungsübernahme in Hinblick auf Erziehungsarbeit gestellt wurden, hat die Frauen- und Geschlechterforschung vielfach belegt. Mit der Verortung von Reproduktionsarbeit im Privaten wird von weiten Teilen der Öffentlichkeit »misslingende« Versorgung, Bildung und/oder Erziehung zuvorderst den Eltern bzw. Müttern zugerechnet und stark individualisiert – die bestehenden gesellschaftlichen Widersprüche als Kontexte werden hingegen wenig thematisiert. Dazu kommt, dass in den Hilfen zur Erziehung der Zugang zu den Hilfen zwingend an eine Defizitformulierung in Form des erzieherischen Bedarfs geknüpft sowie an Abweichungen von »autonomer Elternschaft« (Schrödter, 2020, S. 49) gebunden ist (vgl. dazu Peters & Düring, 2022). Scham, Schuld und Stigmatisierung werden dadurch auch strukturell begünstigt. Diese Facette hilft vielleicht dabei zu verstehen, wieso sich Pflegeeltern sehr wohl organisieren, Eltern, deren Kinder (zeitweise) in Pflegeverhältnissen oder Wohngruppen der Kinder- und Jugendhilfe leben, dagegen bisher nicht.

Ein weiteres Themenfeld, das aktuell auch in Debatten zur Sozialen Arbeit unter schamtheoretischer Perspektive diskutiert wird, betrifft die Fachkräfte selbst. So beschäftigt sich zum Beispiel Liz Frost mit der medialen Berichterstattung zur Sozialen Arbeit in England als schamgenerierendes Moment für Sozialarbeitende, da nicht selten Sozialarbeitende als inkompetent dargestellt werden: »The media circulates version [sic] of social workers as undeserving of respect, incompetent, useless: the discourses which precisely mirror those used of the service users with whom they work« (Frost, 2016, S. 20). Neben der öffentlichen Berichterstattung sind aber auch die Organisationsstrukturen Sozialer Arbeit selbst kritisch zu hinterfragen – zum Beispiel inwieweit sich die Sorge vor Schuldzuweisungen und Scham/Beschämung auf das Handeln von Fachkräften auswirkt und etwa zur Vermeidung bestimmter Aufgaben und Situationen führt (vgl. dazu v. a. Teil III in Frost et al., 2020; Gibson, 2019; Warner, 2015).

Deutlich geworden sein sollte, dass in der Sozialen Arbeit unbedingt die strukturellen und sozialen Faktoren zu berücksichtigen sind, die Schuld und Scham verstärken können. Armut, Diskriminierung und soziale Ungerechtigkeit können das Auftreten von Scham und Schuld erhöhen. Daher ist die Arbeit zur Förderung von sozialer Gerechtigkeit und Teilhabemöglichkeiten ein integraler Bestandteil der Sozialen Arbeit.

5.3 Fazit und Implikationen für die Praxis

Das Verständnis von Schuld und Scham in der Sozialen Arbeit ist insgesamt von großer Bedeutung, da sie komplexe Emotionen sind, die das Verhalten und die psychische Gesundheit von Klient*innen erheblich beeinflussen können. Ein sensibler und respektvoller Umgang mit diesen Emotionen ist wichtig für die Unterstützung von Menschen auf ihrem Weg zur Veränderung. Die Schaffung einer unterstützenden und nicht-verurteilenden Umgebung ist entscheidend dafür, Menschen zu helfen, mit Schamgefühlen umzugehen und ihre Selbstachtung wiederherzustellen. Aufgabe von Fachkräften der Sozialen Arbeit ist es demnach, Klient*innen in der Bewältigung von Scham zu unterstützen, aber auch das eigene Handeln bzw. die institutionellen Bedingungen dahingehend zu überprüfen, inwieweit potenziell schamauslösende Momente darin vorkommen. In Zusammenhang mit schamgenerierenden Strukturen und Deutungsmustern in Angeboten Sozialer Arbeit verweist Bolay (1998) auf die Anerkennungstheorie Honneths und die Bedeutung von »Anerkennungsweisen« wie emotionale Zuwendung, kognitive Achtung und soziale Wertschätzung im professionellen Helfen.

Reflexionsfragen und -anregungen

- Diskutieren Sie die These: Scham und Schuld sind besonders *soziale* Emotionen.
- Welche Effekte können Schamgefühle bei Adressat*innen Sozialer Arbeit auslösen?
- Recherchieren Sie zu geschlechterbezogenen Aspekten von Scham. Ist Scham »nur« mit Blick auf Armutslagen von Adressat*innen ein relevantes Thema in der Sozialen Arbeit?
- Wie kann eine schamsensible Soziale Arbeit in einzelnen Handlungsfeldern Sozialer Arbeit aussehen? Wie beeinflussen soziale Normen und Erwartungen die Entstehung von Schuld- und Schamgefühlen bei Klient*innen?
- Inwiefern können institutionelle Strukturen und Abläufe in der Sozialen Arbeit Schamgefühle bei Klient*innen verstärken? Wie können diese Strukturen verändert werden, um Scham zu reduzieren?
- Wie können Sie dazu beitragen, eine unterstützende und wertschätzende Umgebung für Klient*innen zu schaffen, die frei von Schuld- und Schamgefühlen ist?

Übung zu Schuld und Scham

Schritt 1: Schuldgefühle identifizieren und benennen
Denken Sie an eine Situation, in der Sie Schuldgefühle hatten. Schreiben Sie diese Situation so detailliert wie möglich auf. Welche Gefühle hatten Sie in dieser Situation? Schreiben Sie diese auf. Was haben Sie in dieser Situation getan? Wie haben Sie auf Ihre Schuldgefühle reagiert?

Schritt 2: Scham identifizieren und benennen
Denken Sie an eine Situation, in der Sie Schamgefühle hatten. Schreiben Sie diese Situation so detailliert wie möglich auf. Welche Gefühle hatten Sie in dieser Situation? Schreiben Sie diese auf. Was haben Sie in dieser Situation getan? Wie haben Sie auf Ihre Schamgefühle reagiert?

Schritt 3: Ursachen und Konsequenzen analysieren
Überlegen Sie, was die Ursache Ihrer Schuld- und Schamgefühle in den beiden Situationen war. Waren es spezifische Normen oder Erwartungen, gegen die Sie verstoßen haben? Welche Konsequenzen hatten diese Gefühle für Ihr Verhalten und Ihr Selbstbild?

5 Emotionen unter der Lupe: Schuld und Scham

Schritt 4: Konstruktiver Umgang mit Schuld und Scham
Überlegen Sie, wie Sie in Zukunft konstruktiver mit Schuld- und Schamgefühlen umgehen können. Was könnten Sie tun, um aus diesen Erfahrungen zu lernen und sich selbst zu vergeben? Welche Ressourcen können Ihnen helfen, Schuld- und Schamgefühle besser zu bewältigen?

6 Emotionen unter der Lupe: Ekel

> **☞ Was Sie in diesem Kapitel lernen können**
>
> Von unappetitlichen Lebensmitteln, Schokoladenpudding in Form eins Haufens Hundekot und schmutzigen Toiletten über Blut bis hin zu »moralischer Verdorbenheit« – die Reize, die Ekel hervorrufen, sind sehr vielfältig. Dennoch scheinen die genannten Objekte und Ereignisse bei Menschen auf der ganzen Welt eine gemeinsame Erfahrung von Abscheu auszulösen. Sie alle werden mit der Verbreitung von Krankheiten assoziiert. Ekel ist seit den Arbeiten Darwins als grundlegende und universale menschliche Emotion anerkannt (Haidt et al., 1997), aber mit Ausnahme weniger Pionierarbeiten (Angyal, 1941) wurde Ekel von der Emotionsforschung lange Zeit weitgehend ignoriert. Dies hat sich in den letzten Jahren gewandelt und das Forschungsinteresse an Ekel stieg schlagartig an. Grund dafür ist insbesondere die Forschung im Bereich der politischen Psychologie, vor allem der Moralpsychologie, die der Frage nachgeht, inwieweit Vorurteile politisch konservativer Menschen mit deren erhöhter Ekelsensitivität zusammenhängen (Inbar et al., 2012). Insgesamt ist die Diskussion über Ekel auch in der Sozialen Arbeit ein wichtiges Thema, da diese die ethischen, emotionalen und professionellen Aspekte des Berufs berührt. Eine stärkere (wissenschaftliche) Auseinandersetzung mit und eine Enttabuisierung des Sprechens über Ekelerfahrungen können dazu beitragen, Sozialarbeiter*innen in ihrer praktischen Tätigkeit zu stärken.
>
> In diesem Kapitel werden wir zuerst auf generelle Befunde der Ekelforschung eingehen und dann konkrete Empfehlungen zum Umgang mit Ekel in der Praxis entwickeln.

6.1 Definition und Forschungsansätze

Ekel wird oft als negative Emotion beschrieben, die sowohl kognitive als auch körperliche Komponenten umfasst (Rozin & Fallon, 1987). Ein klassisches Modell beschreibt Ekel als eine Antwort auf potenziell kontaminierende oder giftige Reize, die sowohl interozeptiv (d. h. über den Körper wahrgenommen) als auch exterozeptiv (d. h. über die Umgebung wahrgenommen) erfahren werden kann (Haidt et al., 1994). Die meisten Wissenschaftler*innen stimmen darin überein, dass sich Ekel evolutionär als ein System der Ablehnung von potenziell giftigen Nahrungsmitteln und der Vermeidung von Krankheitserregern (Pathogenen) entwickelt hat. Dafür spricht auch, dass insbesondere Situationen und Ereignisse in Zusammenhang mit Körperlichkeit Ekel auslösen können. Haidt spricht in diesem Zusammenhang von Ekel als »guardian of the temple of the body« (Haidt et al., 1997, S. 114). Erinnern Sie sich an die eingangs erwähnten Beispiele in Zusammenhang mit Essen, Sexualität oder Verletzungen? Dabei scheint es so zu sein, dass Dinge, die wir einmal als ekelerregend bewertet haben, auch weiterhin so wahrnehmen, und dass Dinge, die ekelerregenden Objekten ähneln, auch als eklig empfunden werden (vgl. Gesetz der Kontaminierung, »once in contact, always in contact«, z. B. Rozin & Fallon, 1987). So möchte nahezu niemand Apfelsaft aus einer Flasche trinken, die im Krankenhaus zur Sammlung von Urin benutzt wird, selbst wenn diese vollkommen sauber ist (Rozin et al., 1999). In der Forschung werden häufig ähnliche Szenarien genutzt, um Ekelreaktionen zu untersuchen. Einige Beispiele sind im folgenden Kasten aufgelistet.

Übung

Wie sehr ekeln Sie sich beim Gedanken daran,

- dass Geschwister einmalig und einvernehmlich Sex haben, um es mit jemand Vertrautem auszuprobieren?
- dass jemand ein Tiefkühlhühnchen kauft, damit Sex hat und es dann kocht und isst?
- dass eine Familie einen Autounfall hat, einen Hund überfährt und diesen zum Abendbrot isst?

Können Sie erklären, warum diese Szenarien bei Ihnen Ekel auslösen (oder warum nicht)?

Quelle: Haidt, J. (2001): The emotional dog and its rational tail: a social intuitionist approach to moral judgment. *Psychological Review*, 108(4), 814.

Auf der Verhaltensebene ist Ekel stark mit Rückzug verbunden. Wenn wir uns ekeln, versuchen wir das, wovor wir uns ekeln, zu vermeiden, wegzusehen, uns die Nase zuzuhalten. Entsprechend ist Ekel als emotionale Reaktion auch im Gesicht deutlich erkennbar, indem unwillkürlich versucht wird, die Sinnesorgane zu verschließen. Es findet eine Kontraktion der Augen statt, verbunden mit dem Zurückziehen der Oberlippe, rümpfen der Nase, verschließen des Mundes, wobei manchmal auch die Zunge herausgestreckt wird (Rozin et al., 2016). Insbesondere die Aktivität des sogenannten Levator Labii, eines Muskels, der die Oberlippe hebt, ist charakteristisch für Ekel. Meist wird gleichzeitig der Kopf zur Seite weggedreht. Ekel gehört zu den Emotionen, die bereits Neugeborene deutlich erkennbar ausdrücken können.

Subjektiv wird Ekel als sehr negativ empfunden, befragte Personen berichten über Gefühle des Abscheus, über Übelkeit und Würgereiz.

Im Vergleich zu anderen unangenehmen Emotionen, wie beispielsweise Angst, äußert sich Ekel körperlicher, auch auf der Ebene des Immunsystems. Vielleicht ist es auch Ihnen schon passiert, dass Sie sich so sehr vor etwas geekelt haben, dass sich dies kurze Zeit später als körperliche Reaktion zeigt. Beispielsweise wurde das Auftreten von Lippenherpes als Reaktion auf Ekel bereits wissenschaftlich nachgewiesen (z. B. Buske-Kirschbaum et al., 2001). Starke Ekelgefühle dämpfen die Immunabwehr, sodass die Viren, die im Körper vorhanden sind, ihre Chance wahrnehmen und aktiv werden können.

6.2   Ekel als soziale und moralische Emotion

Neben der körperlichen Bedeutung von Ekel ist auch die soziale und politische Relevanz dieser Emotion in den letzten Jahren deutlich geworden. Ekel ist somit nicht nur auf die individuelle Ebene beschränkt, sondern manifestiert sich als gesellschaftlich bedeutsame Emotion. In dieser Hinsicht spielt Ekel eine entscheidende Rolle bei der Regulation unseres sozialen Verhaltens und bei der Bewertung moralischer Normen. So ist Ekel oft eng mit kulturellen und sozialen Normen verknüpft. Bestimmte Verhaltensweisen oder Praktiken können in einer Gesellschaft als ekelerregend empfunden werden, während sie in einer anderen toleriert oder akzeptiert werden. Dies verdeutlicht, wie Ekel als soziale Emotion dazu beiträgt, Normen und Werte in einer Gesellschaft zu formen und aufrechtzuerhalten. Zum Beispiel kann der Verzehr von bestimmten Tierarten in einer Kultur als Festessen angesehen werden, während er in einer anderen als abscheulich betrachtet wird.

Wie oben erwähnt haben sich in jüngster Zeit viele Studien mit Ekel als moralischer Emotion beschäftigt und sind der Frage nachgegangen, welche Rolle Ekel bei moralischem Urteilen und Handeln spielt. Das einflussreiche Modell der sozialen Intuition von Jonathan Haidt (2001) geht beispielsweise davon aus, dass moralische Intuitionen und Emotionen ganz unmittelbar und automatisch aktiviert werden und erst danach auf kognitiver Ebene zu einem moralischen Urteil führen. Nach diesem Ansatz unterscheidet sich Ekel als moralische Emotion in ihrer Entstehung von anderen Emotionen (kognitive Bewertungstheorie, ▶ Kap. 1.2.2). Moralische Argumentation, das heißt die Rechtfertigung, warum wir etwas als eklig oder unmoralisch bewerten, findet gemäß seiner Theorie als nachträgliche (kognitive) Erklärung der unmittelbaren emotionalen Reaktion statt. Beispielsweise zeigen Studien, die diesem Ansatz folgen, dass manche Handlungen – obwohl sie niemandem schaden – starken Ekel und Ablehnung hervorrufen und als moralisch verwerflich verurteilt werden, ohne dass die Befragten dafür klare Gründe oder Argumente nennen könnten. So wurden in Studien zu diesem Thema Proband*innen Geschichten zu lesen gegeben, in denen beispielsweise Geschwister freiwillig und einvernehmlich Sex miteinander hatten (s. vorausgehender Kasten). Die Proband*innen berichteten über starken Ekel, der auch dann auftrat, wenn die Informationen vorlagen, dass die Geschwister in der Geschichte Verhütungsmittel benutzen und dass sie angaben, sexuelle Erfahrungen mit einer Person sammeln zu möchten, die ihnen vertraut ist.

6.3   Ekel und Vorurteile

Aus der sozialpsychologischen Forschung sind weitere Studien bekannt, die den Zusammenhang von Ekel und der *Abwertung von Menschen* untersuchen. Menschen können andere Menschen aufgrund von Merkmalen oder Verhaltensweisen, die sie als abstoßend empfinden, abwerten und stigmatisieren. So haben unter anderem Susan Fiske und Kolleg*innen gezeigt, dass Ekel eine Rolle bei der Entstehung von Vorurteilen und Diskriminierung spielen kann (z. B. Harris & Fiske, 2007). Wenn bestimmte Gruppen oder Individuen als unsympathisch und gleichzeitig als inkompetent angesehen werden, wird dies auf der emotionalen Ebene häufig mit Ekel verbunden und kann dazu führen, dass Personen, die diesen Gruppen angehören, *entmenschlicht* und sozial ausgeschlossen werden. Werden beispielsweise Proband*innen gebeten, unterschiedliche soziale Gruppen anhand einer Liste von Eigenschaften (*stereotype content model*, vgl. Fiske, 2015) einzuschätzen, so zeigt sich in nahezu allen internationalen Studien zu diesem Thema, dass obdachlose und arbeitslose Menschen zu denen gehören, die das höchste Risiko haben, ausgegrenzt und als abstoßend bewertet zu werden.

Eine starke Neigung zu Ekel scheint insbesondere Vorurteile gegenüber Gruppen auszulösen, die auf der »Körperebene« als abweichend angesehen werden. Betroffen von diesen Vorurteilen sind insbesondere Mitglieder der LGBTQIA+-Gemeinschaft, übergewichtige Menschen oder auch solche mit körperlichen Behinderungen (z. B. Clifford & Piston, 2017; Inbar et al., 2012). In diesen Fällen kann Ekel wie eine Barriere wirken, die verhindert, dass man sich mit diesen Personen auseinandersetzt. In Experimenten (Clifford & Jerit, 2018) wurde zudem gezeigt, dass Ekel die Aufmerksamkeit bindet und somit wenig mentale Kapazität vorhanden ist, objektive Informationen aufzunehmen. Stattdessen führt Ekel tendenziell zu einer Ablehnung und Distanzierung von den betroffenen Personen und kann im Extremfall, wie bereits erwähnt, zu einem Prozess der Entmenschlichung, das heißt *Dehumanisierung* führen. Dehumanisierung bezeichnet das Phänomen, dass Menschen andere als weniger menschlich wahrnehmen und ihnen somit grundlegende Rechte absprechen und Empathie verweigern. Dies ist ein wichtiger Aspekt für die Soziale Arbeit, bei der es unter anderem darum geht, die Menschenrechte und die Würde aller Menschen zu schützen und zu fördern (vgl. internationale Definition zur Sozialen Arbeit und auch Staub-Bernasconi, 2019, zur Sozialen Arbeit als Menschenrechtsprofession). Hinzu kommt, dass – nach wie vor – viele Adressat*innen der Sozialen Arbeit von Armutsfolgen bzw. Folgen sozialer Ungleichheit betroffen sind und sich dies in prekären Lebensverhältnissen (z. B. Wohnungslosigkeit) sowie erhöhter Vulnerabilität widerspiegelt. Dazu kommen Menschen, die beispielsweise aufgrund von Erkrankungen oder (körperlichen) Beeinträchtigungen als »abweichend« von dominanten gesellschaftlichen Normen und Werten klassifiziert und bewertet werden. Solche Bewertungsprozesse und Normen prägen auch die Einstellungen und Haltungen von Sozialarbeitenden und Angehörigen Sozialer Berufe; folglich sind solche auch zu thematisieren und zu reflektieren, da sie unreflektiert schlimmstenfalls dazu führen können, dass Menschen, die ein Recht auf Unterstützung haben, diese verwehrt wird und sie ausgegrenzt werden.

In Zusammenhängen Sozialer Arbeit wird zur Analyse und Kritik der Prozesse von Ausgrenzung oder Hierarchisierung auch das Konzept des »Othering« benutzt, das aus den Postcolonial Studies stammt. Said (1978) machte am Beispiel »Orientalismus« deutlich, wie über die »Konstruktion des Anderen« sozial wirksame Differenzierungen hergestellt werden. In solchen Prozessen wird der Fokus vor allem auf das vermeintlich *Andere* gelegt, das damit zugleich als nicht-zugehörig und abweichend be- bzw. abgewertet wird, wohingegen das *Eigene* als selbstverständlich, positiv und übergeordnet dargestellt wird. Im Resultat beinhaltet dies eine Abgrenzung einer »Mehrheit« (»Wir«) von einer »Minderheit« (»Nicht-Wir«) durch Zuschreibungen (Castro Varela, 2010, S. 256). Dieses »Fremdmachen« ist mehr als ein individueller Akt und wird als sozialer Herstellungsprozess charakterisiert.

Ähnliche Prozesse sind in der sozialpsychologischen Literatur bekannt. Die Theorie sozialer Identität (Tajfel & Turner, 1979) besagt, dass Menschen dazu neigen, sich mit sozialen Gruppen zu identifizieren, um ihr Selbstkonzept zu formen und ihr eigenes Selbstwertgefühl zu steigern. Die Identifikation mit einer Gruppe wird zur Differenzierung genutzt und kann dazu führen, dass Mitglieder der eigenen Gruppe bevorzugt und solche anderer Gruppen diskriminiert werden. Dieses Phänomen wird oft als *Ingroup-Bias* bezeichnet – ein wichtiges Konzept der Sozialpsychologie, mit dem die Dynamik von Vorurteilen, Diskriminierung und Konflikten zwischen sozialen Gruppen erklärt werden kann.

Im Hinblick auf unser Thema zeigen sich die Prozesse des Othering bzw. Ingroup-Bias besonders deutlich an Normen, die existenzielle Praxen der Lebensführung wie Nahrung betreffen. Während in Deutschland größtenteils nicht hinterfragt wird, dass Schweinefleisch gegessen wird, trifft dies auf Hunde- oder Katzenfleisch nicht zu und Esskulturen, in denen etwa Hundefleisch verspeist wird, werden oft als abwegig, fremd oder ganz anders eingeordnet und moralisch abgewertet.

Für Fachkräfte der Sozialen Arbeit sind solche Erkenntnisse wichtig, da mit Blick darauf, wer warum Adressat*in bzw. Adressat*innengruppe wird, Differenzierungsprozesse wirksam werden. Melanie Groß spricht hier von *Differenzkonstruktionen* – als bewusste Distinktion von Menschen und Gruppen –, mit denen Zugehörigkeit und Andersheit hergestellt werden (Groß, 2010, S. 36). Mit Blick auf kulturelle Differenzen verdeutlicht Mishela Ivanova:

>»Ob diese kulturelle Differenz hervorgehoben wird, um Diversität zu problematisieren oder für die Anerkennung von Differenz zu plädieren, ist in gewisser Hinsicht irrelevant, denn erst durch ihre Hervorhebung gewinnt die Alterität an Bedeutung. Erst durch die Konzeption der kulturellen Differenz werden die Anderen zu Anderen gemacht« (Ivanova, 2017, S. 13 f.).

Soziale Arbeit bewegt sich demzufolge im Spannungsfeld von Differenzierung und Normalisierung. Paul Mecheril und Claus Melter (2010, S. 124 ff.) verweisen darauf, dass Soziale Arbeit immer auch Praxen des Unterscheidens, des Identifizierens und (Be-)Handelns umfasst. Differenzkonstruktionen als Effekte sozialer Unterscheidungspraxen kommen in Einschätzungen und Entscheidungen von Fachkräften zum Tragen, zum Beispiel in der Unterscheidung von unterstützenswerten bzw. nicht unterstützenswerten Adressat*innen oder von ekelerregenden bzw. nicht ekelerregenden Personen. Auch wenn dabei Einzelfallentscheidungen getroffen werden sollten, kommen (häufig) (Ziel-)Gruppenkonstruktionen zum Tragen, die zwar unvermeidbar scheinen, aber unbedingt auf ihre Effekte und auf die ihnen zugrunde liegenden »Bilder« hin befragt werden müssen, um Abwertungsprozesse zu vermeiden. Dem angenommen haben sich beispielsweise diskursanalytische Ansätze und intersektionale Analysen, die zum Beispiel folgenden Fragen nachgehen:

- Wie wird (durch wen) Differenz hergestellt?
- Welche Implikationen hat das auf der Handlungsebene?
- Wo finden »Einschlüsse« und »Ausschlüsse« in und durch Soziale Arbeit statt?

6.4 Fazit und Implikationen für die Praxis

Ekel wird heute fast ausschließlich als negative Emotion aufgefasst, die sowohl körperliche als auch kognitive Komponenten umfasst. Er hat sich sehr wahrscheinlich evolutionär entwickelt, um uns vor Krankheitserregern oder anderen giftigen Substanzen zu schützen. So ist Ekel eine der wenigen Emotionen, die schon bei Neugeborenen deutlich erkennbar sind. Auf der Verhaltensebene ist er mit Rückzug und Vermeidung verbunden. Ekel beeinflusst zudem stark unser Sozialverhalten und die Bewertung moralischer Normen, was schlussendlich die Bedeutung von Ekel bei der Formierung von gesellschaftlichen Werten hervorhebt. Das Problem bei diesem Thema ist die enorme Bindung der Aufmerksamkeit des Menschen und die damit verbundene Einschränkung der mentalen Kapazitäten. Dadurch führt Ekel sehr häufig zu Vorurteilen, da auch die Reflexionsfähigkeit eingeschränkt ist. Somit tritt vermehrt die Ablehnung anderer Gruppierungen auf, was schlimmstenfalls zur Dehumanisierung von Menschen oder sogar ganzer Kulturen führen kann. Ekel kann also auch zur Herstellung von Differenzierungen führen, die in Abwertungen resultieren, welche sich als völlig konträr zu sozialarbeiterischen Aufträgen und Handlungsmaximen erweisen – um solchen Tendenzen entgegenzuwirken, muss die Thematik allerdings zunächst einmal als relevant herausgestellt werden.

Basierend auf Rückmeldungen von Studierenden und der Recherche von (fehlender) Literatur zum Thema Ekel in Kontexten Sozialer Arbeit gehen wir davon aus, dass dieser Themenkomplex in Forschung und Praxis weitgehend unterbelichtet ist. Auf konkrete Nachfragen hin beschreiben Studierende unterschiedliche Situationen, in denen sie Ekel empfunden haben – etwa bei Hausbesuchen, aber auch in Arbeitskontexten, die zum Beispiel niedrigschwellige Hilfen für besonders vulnerable Gruppen (Drogenhilfe, Wohnungslosenhilfe) anbieten, oder auch in Zusammenhang mit übertragbaren Krankheiten. In den wenigsten Fällen wurde das aber explizit in Teamberatungen oder gar Supervisionen besprochen bzw. es wurde auch berichtet, dass Einrichtungen mit Ausschluss reagierten, wenn Nutzer*innen beispielsweise bestimmten Erwartungen (»Körperhygiene«) nicht gerecht wurden und daher als ekelerregend empfunden wurden.

Für die handlungspraktische Auseinandersetzung ist möglicherweise ein Blick in die Pflege- und Gesundheitswissenschaft anregend – hier hat zum Beispiel Dorothee Ringel (1993) den Zusammenhang von Ekelempfinden und Gewalt in der Alten- und Krankenpflege beleuchtet und dabei auch verschiedene Lösungsansätze zum Umgang mit Ekel aufgezeigt, die sich sowohl auf strukturell-organisatorische Veränderungen beziehen (Integration von Reflexionsveranstaltungen in der Ausbildung, architektonische Gestaltung von Stationen, arbeitsorganisatorische Hilfen, Erweiterung pflegepraktischer Handlungskompetenzen) als auch auf den Erwerb sozialer Kompetenzen durch Fort- und Weiterbildungen. Marion Jettenberger (2017) beschreibt ebenfalls verschiedene Strategien zum Umgang mit Ekel in Gesundheitsfachberufen. Unter der Überschrift »Ekelmanagement« konstatiert sie zunächst, dass Ekel ein Thema in Pflege- und Gesundheitsberufen ist und es wichtig sei, »das zu wissen, es zu akzeptieren und anzunehmen« (ebd., S. 59). Statt Ekelgefühle zu leugnen, zu verdrängen und zu tabuisieren – vor dem Hintergrund der Wahrnehmung, es sei unprofessionell, sich zu ekeln – gehe es darum, Ekel und damit verbundene Emotionen anzunehmen, sich mit Kolleg*innen auszutauschen und gemeinsam Lösungen zu entwickeln. Leugnung und Tabuisierung hingegen führen zu dauerhaftem Stress, Frustration sowie Aggression (gegen sich und andere). Jettenberger beschreibt »sechs Aufgaben des Ekelmanagements«: Enttabuisierung, Prävention von Ekelsituationen, Schutzvorkehrungen, Ruhepausen, Austausch im Team, Sensibilisierung durch Fortbildung (ebd., S. 71 ff.).

Ein Teil des Ekelmanagements umfasst demnach (ähnlich wie auch Ringel schon beschrieben hat, s. o.) Wissensvermittlung in Form von regelmäßigen Fortbildungen. Neben dem Austausch und der Reflexion geht es dabei auch um ganz konkrete Wissensvermittlung und das Aufzeigen von Handlungsoptionen zu bestimmten Phänomenen wie zum Beispiel Inkontinenz oder Kotschmieren und -essen. Auch wenn hier, wie an diesen Beispielen deutlich wird, in Bezug auf Ekel vor allem Situationen beschrieben werden, die in Zusammenhang mit pflegerischen Aufgaben auftreten können, sind Wissensvermittlung und Reflexionsmöglichkeiten zu Ekel und damit in Zusammenhang stehenden Abwertungsprozessen unbedingt auch für Handlungskontexte Sozialer Arbeit relevant.

Reflexionsfragen

- Welche persönlichen Reaktionen auf Ekel kennen Sie aus Ihrem beruflichen Alltag?

- Wie sieht Ihre persönliche Ekelhierarchie aus?
- Welcher Ekelsituation entziehen Sie sich unmittelbar?
- Welche Situationen würden Sie für Ihre Kolleg*innen übernehmen?
- Können Sie in Ihrem Team offen über Ekel sprechen?
- Können Sie mit Ihrer Leitung offen über Ekel sprechen?
- Können bzw. dürfen Sie sich nach ekelauslösenden Situationen eine Auszeit nehmen?

(in Anlehnung an den Team-Fragebogen bei Jettenberger, 2017, S. 66)

Praktische Tipps

- Wechselkleidung und Einweghandschuhe bereithalten
- bei Bedarf kleine Duftflaschen (z. B. Parfum) verwenden
- auf Pausen und Auszeiten achten
- als unangenehm empfundene Gerüche thematisieren
- Gespräche beim Spazierengehen, auf dem Balkon usw. führen

7 Emotionen unter der Lupe: Vertrauen

> ☞ **Was Sie in diesem Kapitel lernen können**
>
> Vertrauen ist ein komplexes Phänomen, das nicht nur in der Sozialen Arbeit, sondern auch in anderen Disziplinen wie der Psychologie, Soziologie oder Ökonomie intensiv untersucht wird. Dabei stehen Fragen im Mittelpunkt wie: Was genau bedeutet es, jemand anderem zu vertrauen? Wie entsteht Vertrauen? Und welche Rolle spielt es in verschiedenen sozialen Kontexten?
>
> In diesem Kapitel werden wir uns mit diesen Fragen auseinandersetzen und einen multiperspektivischen Blick auf das Thema Vertrauen werfen. Nach einem Überblick über die psychologische Literatur, in der Vertrauen eher als kognitive Einschätzung und weniger als emotionales Phänomen betrachtet wird, wenden wir uns der soziologischen Perspektive zu, die Vertrauen als einen sozialen Mechanismus zur Bewältigung von Komplexität betrachtet. Schließlich werden wir Vertrauen im Kontext der Sozialen Arbeit untersuchen, in dem es als wesentliche Ressource für die Beziehung zwischen Fachkräften und Klient*innen gilt. Dabei werden wir auch kritisch hinterfragen, wie sich Institutionen der Sozialen Arbeit in der Öffentlichkeit präsentieren und welche Rolle Vertrauen in ihrem Handeln spielt.

7.1 Unterschiedliche disziplinäre Perspektiven auf Vertrauen

Mit Vertrauen befassen sich unterschiedliche Wissenschaftsdisziplinen mit eigenen Schwerpunktsetzungen und Perspektiven – neben der Sozialen Arbeit, der Psychologie oder der Soziologie ist Vertrauen auch ein Thema der Ökonomie, der Philosophie der Medizin, der Politikwissenschaften sowie der Medien- und Kommunikationswissenschaften. Dabei vertreten die meisten Vertreter*innen den Standpunkt, dass Vertrauen ein Eckpfeiler der Gesellschaft ist und eine wesentliche Voraussetzung für Kooperation.

Im Vergleich zu den anderen Emotionen, die wir hier unter die Lupe nehmen, wird Vertrauen vergleichsweise weniger eindeutig (ausschließlich) als Emotion diskutiert – in den Geistes- und Sozialwissenschaften wird es eher als kognitive Einschätzung oder Verhaltensweise konzeptualisiert oder aber stärker als Emotion bzw. als Aspekt von Emotionen wie Sicherheit oder Verbundenheit gesehen.

Eine der bekanntesten Definitionen von Vertrauen innerhalb der *Psychologie* ist, dass Vertrauen gesehen wird als

> »willingness of a party to be vulnerable to the actions of another party based on the expectation that the other will perform a particular action important to the trustor, irrespective of the ability to monitor or control that party« (Mayer et al., 1995, S. 172).

Diese Definition beinhaltet zwei Komponenten: die positive Erwartung (kognitiv) und die Bereitschaft, verletzlich zu sein (affektiv). Häufig taucht Vertrauen innerhalb der psychologischen Literatur in Zusammenhang mit Erik Erikson (1991 [1963]) auf, einem bedeutenden Entwicklungspsychologen, der für seine Theorie der psychosozialen Entwicklung bekannt ist, die acht Lebensphasen umfasst und die Entwicklung von der Kindheit bis ins Erwachsenenalter beschreibt. Jede Phase ist durch eine zentrale Konfliktfrage gekennzeichnet, die laut Erikson gelöst werden muss, damit die Entwicklung erfolgreich voranschreitet. Die erste Phase, die Erikson identifizierte, ist die Säuglingsphase, die von der Geburt bis zum Alter von etwa 18 Monaten dauert. In dieser Phase geht es um Vertrauen versus Misstrauen. Hier entwickelt das Kind ein Gefühl des Vertrauens in seine Umgebung, zu seinen Bezugspersonen und zu sich selbst. Manchmal wird dies als *Urvertrauen* bezeichnet, das entsteht, wenn ein Kind regelmäßig angemessen versorgt und unterstützt wird. Dieses Urvertrauen bildet nach Eriksons Verständnis die Grundlage für das zukünftige Verhältnis des Kindes zur Welt und zu anderen Menschen. Werden die Bedürfnisse eines Kindes nicht angemessen erfüllt, kann sich Misstrauen entwickeln. Dies kann zu Schwierigkeiten bei der Entwicklung von Vertrauen und zu Unsicherheit führen: Das Kind wird skeptisch gegenüber anderen und seiner Umgebung.

Die Neigung einer Person, anderen zu vertrauen, kann als Persönlichkeitsmerkmal betrachtet werden und gilt als starker Prädiktor für das subjektive Wohlbefinden (DeNeve, 1998). Es wird angenommen, dass Vertrauen das subjektive Wohlbefinden steigert, weil es die Qualität zwischenmenschlicher Beziehungen verbessert und Menschen befähigt, neue Beziehungen einzugehen. Aufbauend darauf wird in weiteren Studien (z. B. de Jong et al., 2016) Vertrauen als Einschätzung betrachtet, mit der Menschen beurteilen, ob Personen, Gruppen oder Institutionen zuverlässig oder kompetent sind. In diesem Sinne trägt Vertrauen zu der Bereitschaft bei, Risiken einzugehen, sich etwa anderen anzuvertrauen, in persönlichen wie in professionellen Beziehungen.

Streng genommen handelt es sich bei Vertrauen aus Sicht der Psychologie nicht um eine diskrete Emotion, da die üblichen Kriterien (▶ Kap. 1.1) nicht zutreffen, das heißt, Vertrauen ist weder mit typischen kognitiven Bewertungen assoziiert noch durch klare Mimik und Gestik zu erkennen und auch nicht verbunden mit einer starken körperlichen Reaktion (wie z. B. Erröten bei Scham). Es handelt sich eher um einen grundlegenderen affektiven Zustand, der etwas *über die Beziehung* zu anderen Menschen aussagt. Entsprechend ist ein weiterer Bereich, innerhalb dessen sich die Psychologie mit Vertrauen beschäftigt, das Arbeitsumfeld von Menschen. Im organisatorischen Kontext spielt Vertrauen eine entscheidende Rolle für die

Effektivität, aber auch für das Wohlbefinden der Mitarbeiter*innen. Forschungen zeigen, dass ein hohes Maß an Vertrauen innerhalb eines Teams die Kooperation fördert, die Kommunikation erleichtert und die Produktivität steigert. Darüber hinaus trägt ein Vertrauensklima dazu bei, Konflikte zu reduzieren und Innovationen zu fördern, indem Mitarbeiter*innen sich sicher dabei fühlen, Ideen vorzubringen und Risiken einzugehen (de Jong, 2016).

Auch in der Psychotherapie spielt das Vertrauen zwischen Klient*in und Therapeut*in eine wichtige Rolle für den Erfolg der Therapie. So zeigen Gelso, Kivlighan und Markin (2018) in einer Metaanalyse einen mittleren Effekt des Vertrauens auf einen zufriedenstellenden Therapieerfolg, und zwar unabhängig davon, ob in den einzelnen Studien die Klient*innen oder Therapeut*innen nach der Stärke des Vertrauens befragt wurden. Eine Metaanalyse fasst die Ergebnisse vieler einzelner Studien zusammen, um ein umfassenderes und zuverlässigeres Bild zu gewinnen. In diesem Fall bedeutet das, dass die Forschenden die Daten mehrerer Studien analysiert haben, die alle die Rolle des Vertrauens in der Therapie untersuchten. Die Metaanalyse zeigt somit, dass das Vertrauen, unabhängig von der Perspektive (ob Klient*in oder Therapeut*in), konsistent mit einem positiven Therapieergebnis verbunden ist. Dies unterstreicht die Bedeutung von Vertrauen als zentralem Faktor für den Therapieerfolg, wobei ein multiperspektivischer Blick auf die Arbeitsbeziehung entscheidend ist, da sowohl das Vertrauen von Klient*innen in ihre Berater*innen und Therapeut*innen wichtig ist als auch das der Fachkräfte in ihre Klient*innen. Vertrauen ist also kein unilaterales Phänomen, sondern vielmehr eine *dynamische Wechselbeziehung*, die auf gegenseitigem Respekt, Offenheit und Ehrlichkeit basiert. In der therapeutischen Praxis kann ein starkes Vertrauensverhältnis zwischen Klient*innen und Therapeut*innen dazu beitragen, die therapeutische Allianz zu stärken und somit den Erfolg der Therapie zu unterstützen.

In *soziologischen Theorien und Debatten* werden verschiedene Aspekte in Bezug auf Vertrauen erläutert, die vor allem auf seine Bedeutung für soziale Interaktionen und Formen sozialen Zusammenhalts abheben, aber auch die Funktion von Vertrauen (ähnlich wie in der Psychologie) dahingehend beleuchten, dass in komplexen Gesellschaften und bei der Bedingung begrenzten Wissens mittels Vertrauen gehandelt werden kann. Damit geht es um ein tieferes Verständnis darum, welche Rolle Vertrauen für das Funktionieren von modernen Gesellschaften und sozialen Systemen spielt. Darüber hinaus wird auch diskutiert und erforscht, wie Vertrauen gestärkt und aufrechterhalten werden kann bzw. welche Folgen Vertrauensbrüche und Misstrauen haben.

Nachfolgend stellen wir kursorisch einige Eckpfeiler und Entwicklungslinien der soziologischen Debatte vor. Unter den Klassiker*innen der Soziologie beschäftigte sich Georg Simmel als einer der Vertreter der »Gründungsgeneration« des Fachs (Endreß, 2002, S. 11) am ausführlichsten mit dem Phänomen Vertrauen. Ihn interessierte, welche Bedeutung diesem für das Beziehungsverhalten in modernen Gesellschaften zukommt (vgl. ausführlich hierzu Simmel 1989 [1900]; 1992 [1908]). Dabei unterschied er bereits zwischen persönlichem und versachlichtem Vertrauen und beschäftigte sich mit dem Verhältnis von Wissen und Vertrauen (Endreß, 2002, S. 13 f.).

Simmel differenzierte hier zwischen verschiedenen Formen von Vertrauen, die er auf den unterschiedlichen gesellschaftlichen Ebenen verortete: So unterschied er zwischen Vertrauen als »allgemeinem Glauben« (Makroebene), Vertrauen als »Wissensform« (Mesoebene) und Vertrauen als »Gefühl« (Mikroebene) (ebd., S. 14). Auch verwies Simmel schon – allerdings ohne dies umfänglich auszuführen – auf den Risikoaspekt des Vertrauens sowie auf den »Verpflichtungscharakter« von Vertrauen im Sinne eines »›Versprechens‹, die auf Wechselseitigkeit hin angelegte Transaktion – unbeschadet potenzieller zeitlicher Verschiebungen – auch zu erfüllen« (ebd., S. 15).

In der folgenden Generation beschäftigten sich vor allem Alfred Schütz und Talcott Parsons mit Aspekten des Phänomens Vertrauen, ohne allerdings in jedem Fall systematisch auf das Gesamtphänomen Bezug zu nehmen. So lag der Fokus bei Schütz auf »Vertrautheit« und der Auseinandersetzung mit implizitem Wissen als Ressource, während sich Parsons stärker auf die Funktion von Vertrauen für Sozialität konzentrierte. Dabei ging Parsons beispielsweise auf die Funktion von Vertrauen für die Beziehung zwischen Ärzt*innen und Patient*innen ein und nahm darüber stärker die gesellschaftliche Mesoebene in den Blick.

Nach diesem kurzen Blick auf die klassischen Ansätze (zu weiteren Vertretern wie Harold Garfinkel oder Erving Goffmann vgl. Endreß, 2002, S. 22 ff.) gehen wir nun zu neueren soziologischen Debatten über. Hier lässt sich seit Mitte der 1980er Jahre eine stärkere Thematisierung und Theorieentwicklung zum Thema Vertrauen beobachten. Exemplarisch stehen hierfür Anthony Giddens (1995) und Niklas Luhmann (1989).

Konsens ist dabei, dass die Bedeutung von Vertrauen in modernen und (funktional) ausdifferenzierten Gesellschaften steigt. Stärker als bei den klassischen Ansätzen wird das Konzept des Risikos mit in die Betrachtung einbezogen. Kurz gesagt geht es um das Verhältnis von Risiko und Vertrauen; so erfordert zum Beispiel das Eingehen von Risiken Vertrauen. Dabei wird im Anschluss an die oben dargestellten Entwicklungslinien stark betont, dass Vertrauen eben nicht ausschließlich in persönlichen Beziehungen auftritt bzw. diese reguliert, sondern auch notwendig bzw. funktional ist für Beziehungen zu Institutionen und Expert*innensystemen. So differenziert Giddens (1995) zwischen persönlichem Vertrauen, spezifischem Vertrauen in Vertreter*innen von Systemen (z. B. in konkrete Fachkräfte) und generalisiertem Systemvertrauen (z. B. in das Hilfesystem, das politische System).

Persönliches Vertrauen beruht dabei auf Intimität und Gegenseitigkeit und ausschließlich auf den Eigenschaften und dem Verhalten von Personen. Entsprechende Beziehungen (Freundschaften, Liebesbeziehungen und solche zwischen Familienmitgliedern) sind stärker durch eine wechselseitige Abhängigkeit bzw. Reziprozität gekennzeichnet und (theoretisch) auf Dauer angelegt.

Spezifisches Vertrauen meint hingegen Vertrauen in Expert*innen. Dieses ist zwar ebenfalls personengebunden, aber nicht persönlich. Mit anderen Worten: Hier stehen nicht die individuellen Eigenschaften der Privatperson im Fokus bzw. sie bilden nicht den Vertrauensgegenstand, sondern Vertrauen findet in Beziehungen außerhalb des Privaten statt und betrifft die Vertreter*innen einer bestimmten Institution. Diese treffen in Arbeitsbeziehungen auf Adressat*innen dieser Institution. Es gibt folglich klare Rollenprofile und Aufgabenteilungen. Vertrauen bezieht sich dann aus Adressat*innensicht auf die fachlichen Kompetenzen der Vertreter*innen als Expert*innen.

Generalisiertes Systemvertrauen bezieht sich schließlich auf die gesellschaftliche Makroebene und meint Vertrauen in die prinzipielle Leistungsfähigkeit von Expert*innensystemen und Fachwissen. Diese Form von Vertrauen ist nicht personengebunden und wird ohne Kontakt zu konkreten Vertreter*innen gebildet. Hier geht es um Vertrauen in die prinzipielle Leistungsfähigkeit von gesellschaftlichen Teilsystemen, zum Beispiel Vertrauen in das Wissenschaftssystem und damit in Forschungsergebnisse.

Giddens betont die Rolle von Vertrauen angesichts hochspezialisierter Expert*innensysteme, die unseren Alltag bzw. unsere Umfelder prägen und die durch Einzelne nicht gänzlich überblickt werden können. Vertrauen kompensiert das Fehlen allumfassenden Wissens und ist damit funktional notwendig (Giddens, 1995, S. 40 ff.; im Überblick Wagenblass, 2018).

Ähnlich argumentiert auch Luhmann (1989): Vertrauen helfe in einer überkomplexen Gesellschaft, Komplexität zu reduzieren. Aus einer Überfülle an Informationen kann mittels Vertrauen eine Wahl getroffen werden – aus der Anzahl von Möglichkeiten wird eine gewählt und folglich werden andere ausgeschlossen. Vertrauen ermöglicht damit Entscheidungs- und Handlungsfähigkeit und ist dennoch eine »riskante Vorleistung«, die darin besteht eine positive Erwartung hinsichtlich der Zukunft zu hegen. Da Vertrauen nicht gleichzusetzen ist mit Wissen, besteht das Risiko darin, dass die positive Erwartung enttäuscht werden kann und beispielsweise die mit der Entscheidung ausgeschlossenen Möglichkeiten doch eintreten.

Zusammenfassend wird in den neueren soziologischen Betrachtungen Vertrauen als »sozialer Mechanismus« (Luzio, 2005, S. 72) stark in Bezug zur Kategorie Risiko und zur Kontingenz gesetzt. Dabei fungiert Vertrauen als Mechanismus der Komplexitätsreduktion bzw. der Gefahrenminimierung. Vertrauensprozesse richten sich hierbei auf mehrere Bezugsebenen: Unterschieden wird zwischen Vertrauen in abstrakte Systeme bzw. ihre Vertreter*innen und Vertrauen in privaten Beziehungen. Vertrauen in abstrakte Systeme umfasst dabei sowohl generalisiertes Vertrauen als auch spezifisches Vertrauen. Ersteres meint Vertrauen in die prinzipielle Leistungs- und Funktionsfähigkeit von Expert*innensystemen – der Vertrauensaufbau basiert dabei auf *faceless commitments* und entbetteten Beziehungen (Giddens, 1995, S. 107 ff.). Spezifisches Vertrauen bezieht sich hingegen auf die konkreten Interaktionen mit den Expert*innen bzw. Professionellen (s. o.) und basiert demnach auf *facework commitments*, also den konkreten Erfahrungen mit den Vertreter*innen des jeweiligen Systems (zusammenfassend Wagenblass, 2018, S. 1805).

Martin Endreß unterscheidet zusätzlich zwischen explizitem, thematisiertem, reflexivem Vertrauen und implizitem, fungierendem Vertrauen. Damit geht er auf die Wissenskomponente von Vertrauen ein. Reflexives Vertrauen ist »zugeschnitten auf die Artikulation von Risikolagen oder Misstrauensunterstellungen« (Endreß, 2002, S. 68) und resultiert demnach aus Abwägungsprozessen, mit denen Personen oder auch Situationen sowie Institutionen dahingehend evaluiert werden, ob ihnen vertraut werden kann bzw. soll (Bormann, 2024, S. 455 f.). Dabei werden auch Sanktionspotenziale kalkuliert, Kosten-Nutzen-Relationen abgeschätzt sowie Verhalten und Handeln anderer Akteur*innen kontrolliert (Endreß, 2002, S. 68).

Fungierendes Vertrauen hingegen bleibt eine »weitgehend unthematisch bleibende Hintergrundannahme sozialen Handelns« und damit eine »Verhalten und Handeln stillschweigend begleitende Interaktionsressource« (ebd.). Dieser Modus von Vertrauen basiert demnach nicht auf bewussten Abwägungsprozessen, sondern beruht auf präreflexiven Voraussetzungen. Damit wird wiederum deutlich, dass Vertrauen (zunächst) nicht nur kognitiv und rational begründet pragmatisch wirksam wird, sondern insbesondere als unhinterfragte soziale Selbstverständlichkeit für soziale Interaktionen von Bedeutung ist. Erst im Falle eines Vertrauensbruchs tritt deutlich hervor, dass man zuvor vertraut hat.

Betrachten wir nun die Debatten und Kontexte *zum Phänomen Vertrauen in der Sozialen Arbeit*. Wie in der Soziologie wird die Bedeutung von Vertrauen auch hier auf unterschiedlichsten Ebenen diskutiert. In Bezug auf die gesellschaftliche Makroebene wird Vertrauen als »Systemvertrauen« relevant, da in modernen, funktional differenzierten Gesellschaften die Lebensführung stark durch Expert*innensysteme und Institutionen reguliert wird. Auf der Mesoebene wird zum Beispiel das Zusammenwirken der verschiedenen Professionen und Organisationen unter Vertrauensaspekten betrachtet, da Soziale Arbeit in ihren Arbeitsfeldern immer mit verschiedenen professionellen Akteur*innen kooperiert (Wagenblass, 2018, S. 1803). Im Wesentlichen wird Vertrauen jedoch auf der Mikroebene, über seine Funktion bzw. als Ressource in der »helfenden« Beziehung thematisiert bzw. als Voraussetzung für den Aufbau eines Arbeitsbündnisses sowie als Ergebnis gelingender Hilfen (ebd.; Tiefel & Zeller, 2012, S. 7). Im Fall dessen, dass sich eine Person zum Beispiel eigenständig an eine Beratungsstelle wendet, wird Vertrauen wirksam, indem es das zeitliche Auseinanderfallen von institutionellem Versprechen einer Hilfeleistung und der konkreten Leistungserbringung überbrückt. Personen vertrauen darauf, dass die Beratungsstelle (bzw. die Mitarbeitenden) ihnen weiterhelfen kann und suchen die Institution deswegen auf.

In konkreten Arbeitsbeziehungen zwischen Fachkräften und Adressat*innen trägt Vertrauen gegebenenfalls dazu bei, Ungewissheit auf beiden Seiten abzubauen. Vertrauen bzw. Vertrauensvorschüsse als zukunftsgerichtete Vorleistung(en) sind notwendig für problembearbeitendes Handeln, aber zugleich riskant. Adressat*innen definieren zunächst eine Situation, in deren Bearbeitung sie ein professionelles Gegenüber einbeziehen wollen. Für das Eingehen eines Arbeitsbündnisses ist es notwendig, dass Adressat*innen sich fremden Fachkräften gegenüber öffnen und darüber ihre Perspektive auf Hilfeanlässe und -ursachen darstellen, getragen von der Erwartung und dem Vertrauen darauf, dass Unterstützungs- und Lösungsmöglichkeiten entwickelt werden können. Hinzu kommt, dass die Adressat*innen darauf vertrauen (müssen), dass ihre Verletzlichkeit und ihr Vertrauen von den Professionellen nicht für eigene Vorteile ausgenutzt werden. Sandra Tiefel und Maren Zeller (2012) sprechen in diesem Zusammenhang davon, dass Vertrauen schenken in klassischen Beratungsbeziehungen stärker eine aktive Aufgabe oder Leistung ist, die (zunächst) von den Adressat*innen geleistet wird, damit eine Hilfebeziehung überhaupt möglich wird. Komplementär dazu sind auch Fachkräfte mit der Anforderung konfrontiert, sich als vertrauenswürdig zu erweisen und beispielsweise Machtgefälle nicht zu ihren Gunsten auszunutzen.

Vom Standpunkt der Adressat*innen aus kann Vertrauen also als »eine positive Erwartung der AdressatInnen im Hinblick auf den institutionalisierten Dienstleistungsprozess und das zukünftige Handeln [ihrer] VertreterInnen« verstanden werden (Wagenblass, 2004, S. 105) Damit geht einher, dass sie »das Ergebnis der Dienstleistungserbringung in einem für sie positiven Sinne« antizipieren und darüber zugleich für sie negative Leistungsergebnisse ausschließen. Vertrauen in Form einer positiv erwarteten Zukunft hilft also dabei, Handlungsoptionen zu erkennen bzw. in Handlung zu kommen (ebd.). Es stellt folglich einen Referenzrahmen für komplexe Interaktionsbeziehungen im Kontext Sozialer Arbeit dar.

Übung

Suchen Sie Beispiele, mit denen sich Einrichtungen oder Angebote der Sozialen Arbeit öffentlich präsentieren, zum Beispiel Flyer, Webauftritte, Presseartikel oder Kampagnen. Bewerten Sie diese unter der Fragestellung: Wie präsentieren sich Einrichtungen Sozialer Arbeit als vertrauenswürdig und inwiefern gelingt es ihnen (nicht)?

Zur Orientierung können Sie folgende Aufmerksamkeitsrichtungen nutzen:

- Welche Informationen werden gegeben? Welche fehlen aus Ihrer Sicht?
- Wie wirkt das Design auf Sie?
- An wen richtet sich Ihrer Auffassung nach die öffentliche Darstellung – wer wird adressiert?
- Wie ist die sprachliche Gestaltung?

Als Variante dazu:
Suchen Sie ein aus Ihrer Sicht besonders gelungenes Beispiel sowie ein besonders misslungenes Beispiel für eine öffentlichkeitswirksame Darstellung einer Einrichtung Sozialer Arbeit unter dem Aspekt gelungener oder misslungener Vertrauensbildung. Begründen Sie Ihre Einschätzung.

In einer qualitativen Studie hat Sandra Tiefel (2012) untersucht, welche Strategien Berater*innen nutzen, um im Beratungsprozess Vertrauen aufzubauen. Konkret stellte sie die Fragen: Welche Strategien verfolgen die Berater*innen, um zu einer gemeinsamen Abklärung eines Beratungsauftrags zu kommen bzw. ein Arbeitsbündnis herzustellen? In welchen Situationen und mit welchen Funktionen gewinnt Vertrauen für die professionellen Berater*innen im Prozess der Beratung an Relevanz? (ebd., S. 18 f.).

Für die Analyse ihres Datenmaterials nutzte sie das Arbeitsbogenkonzept nach Strauss (1991) in der durch Schütze weiterentwickelten Form und nahm darüber Vertrauen stärker in seiner Prozesshaftigkeit in den Blick. Tiefel arbeitete dabei verschiedene Codes heraus, die den professionellen Vertrauensarbeitsbogen kennzeichnen und die sich nach dem Arbeitsbogenkonzept innerhalb der vier Kategorien Einrichtungs-, Sozial-, Inhalts- und Evaluationskomponente gruppieren lassen.

Zentrale Strategien zum Vertrauensaufbau sind dabei das Zeigen von Kompetenz und Wertschätzung, die professionelle Selbstpräsentation sowie die Zusage bzw. Einforderung von Autonomie (Tiefel, 2012, S. 25).

Insgesamt wird in der Auseinandersetzung mit Vertrauen in der Sozialen Arbeit häufig die oben dargestellte Unterscheidung der verschiedenen Vertrauensformen rezipiert. Vertrauen wird sowohl als relationales als auch als überindividuelles Phänomen verstanden. Folglich rückt damit zum einen die Ebene der konkreten Interaktionen von Akteur*innen in den Fokus (Fachkräfte und Adressat*innen begegnen sich) und zum anderen die der überindividuellen Bedingungen, die die Kontexte (vor-)strukturieren.

In Bezug auf die Kinder- und Jugendhilfe als ein Handlungsfeld der Sozialen Arbeit hat Sabine Wagenblass formuliert, dass Vertrauensprozesse sowohl Aspekte »der Vertrauensgabe an die beteiligten Personen im Interaktionsprozess (spezifisches Vertrauen) als auch an die Jugendhilfe als Institution (generalisiertes Vertrauen)« umfassen (Wagenblass, 2004, S. 60 ff.). Mit anderen Worten: Das spezifische Vertrauen basiert auf den konkreten Interaktionserfahrungen und das generalisierte Vertrauen auf dem Zutrauen in die Funktionsfähigkeit des Hilfesystems bzw. in die repräsentierten Fachkenntnisse und Kompetenzen (vgl. auch Luzio, 2005). Diese Einschätzung ist auch auf andere Handlungsfelder Sozialer Arbeit übertragbar.

Kontroversere Auffassungen bestehen hingegen dazu, inwiefern das persönliche Vertrauen auch in Kontexten Sozialer Arbeit relevant ist. Wagenblass vertritt diesbezüglich die Ansicht, dass die Form persönlichen Vertrauens keine Rolle in Arbeitsbeziehungen spielen kann, da es sich »nicht um private und intime, sondern um öffentliche institutionalisierte Beziehungen« (Wagenblass, 2004, S. 61 f.) handle und sich hier Menschen in ihren komplementären Rollen als Fachkräfte und Adressat*innen begegnen. Demgegenüber argumentieren Sandra Tiefel und Maren Zeller (2014, S. 338 ff.) – mit Rückgriff auf Oevermann –, dass in Arbeitsbeziehungen bzw. Arbeitsbündnissen rollenförmige und diffuse Anteile zum Tragen kommen und somit auch persönliches Vertrauen entstehen kann.

Ungeachtet dessen gilt es in Hinblick auf die Frage danach, wie professionelles Handeln Vertrauensprozesse von Adressat*innen ermöglicht bzw. (auch systematisch) verhindert oder Vertrauen enttäuscht und/oder missbraucht wird, zu beachten, dass professionelles Handeln im Kontext Sozialer Arbeit stets organisiertes Handeln in institutionellen Zusammenhängen darstellt. Professionelles Handeln findet in einem Bedingungsfeld statt, das durch wohlfahrtsstaatliche Rahmungen bzw. institutionelle Vorgaben, den beruflichen Diskurs sowie die konkrete Organisiertheit strukturiert wird (vgl. Kessl, 2005; Köngeter, 2009).

Mit Rückgriff auf Giddens argumentiert Wagenblass, dass der Aufbau von Vertrauen weder ausschließlich eine »freiwillige Angelegenheit« noch eine »unproblematische Tatsache, sondern ein höchst komplexer, insbesondere aber ein unausweichlicher, ambivalenter, verwundbarer sowie brüchiger Prozess« ist (Wagenblass, 2004, S. 63). Daran anschlussfähig ist die Konzeptionalisierung von Vertrauen, wie sie Annette Baier vorschlägt: Vertrauen als die »akzeptierte Verletzlichkeit gegenüber dem stets möglichen, aber doch nicht erwarteten bösen Willen eines anderen, der die Möglichkeit hat, uns Übel zu wollen und übel zu tun« (Baier, zit. nach Magyar-Haas, 2009, S. 91).

7.2 Fazit und Implikationen für die Praxis

Aus diversen historischen und auch aus aktuellen Aufarbeitungskontexten zu gewaltförmigen Praxen in Institutionen – auch solchen der Sozialen Arbeit – wissen wir, dass auch Vertreter*innen von helfenden Professionen Vertrauensbrüche begehen und ihren Adressat*innen massiv schaden können bzw. geschadet haben (vgl. Andresen & Heitmeyer, 2012; Düring, 2012; Gahleitner et al., 2023). Die grundlegende »Anfälligkeit« von Arbeitsbeziehungen für Vertrauensbrüche in Form von Enttäuschen bzw. Missbrauch von Vertrauen ist in Verbindung mit der strukturellen Machtasymmetrie in den Beziehungsgefügen von Adressat*innen und Fachkräften zu sehen, wobei die Fachkräfte die weitaus überlegenere Position einnehmen (vgl. Kraus & Krieger, 2021; Urban-Stahl, 2009). Diese gründet auf dem ungleichen Status der Interaktionspartner*innen sowie dem ungleich verteilten Wissen, das als relevant und legitim anerkannt ist. In einigen Handlungsfeldern tritt diese Ungleichheit sicher noch einmal besonders zutage, zum Beispiel in den Handlungsfeldern, in denen Kinder und Jugendliche auf erwachsene Fachkräfte treffen, oder auch dort, wo andere, besonders vulnerable Adressat*innen in (geschlossenen) Institutionen leben (müssen).

Wenn Fachkräfte so handeln, dass sie den Subjektstatus von Adressat*innen nicht anerkennen, ihre Autonomie untergraben und/oder sie in ihrer körperlichen oder seelischen Integrität verletzen, müssen diese Handlungen (auch) als – institutionell gerahmter – Missbrauch von Vertrauen auf unterschiedlichen Ebenen problematisiert werden.

Aus der Aufarbeitung von gewaltförmigen Praxen der Vergangenheit und Gegenwart im Rahmen öffentlich verantworteter Erziehung wissen wir, dass Ohnmacht eines der Gefühle ist, die von den Betroffenen immer wieder – auch nach Jahren – erlebt werden. Der Möglichkeit und Fähigkeit ein selbstbestimmtes Leben zu führen stehen Gefühle der Ohnmacht, Hilflosigkeit und des Ausgeliefert-Seins diametral gegenüber.

> »Als Folge dieser frühen Erfahrungen wird immer wieder berichtet, dass es ihnen in ihrem gesamten weiteren Leben schwergefallen sei, feste Bindungen einzugehen, Vertrauen aufzubauen und sich sicher zu fühlen« (RTH, 2010, S. 27).

Hinzu kommt, dass die erfahrenen Gewalthandlungen, die mit Scham- und Schuldgefühlen einhergingen und für nicht wenige Betroffene in posttraumatischen Belastungsstörungen resultierten, umso schwerer wiegen, wenn die Anerkennung dieses Leids bzw. dieser Erfahrungen (systematisch) verweigert und ihnen nicht geglaubt wird (zu aktuellen Skandalen in der Heimerziehung vgl. Degener et al., 2020; Martinez, 2024). Prozesse, die in Vertrauensbrüchen resultieren, sind ebenso wie Prozesse, die Vertrauen fördern, auf der institutionell-organisatorischen Ebene und der Ebene der konkreten Interaktionen zugleich zu reflektieren.

Letztlich kann auch die verbindliche Einforderung von institutionellen (Gewalt-)Schutzkonzepten, wie sie zum Beispiel mit dem Kinder- und Jugendstärkungsgesetz (KJSG) als Pflichtaufgabe in § 45 Abs. 2 Nr. 4 SGB VIII formuliert wurden, als Konsequenz aus bekannt gewordenen Missbrauchsfällen gelesen werden. Darüber strebt der Gesetzgeber an, dass Einrichtungen Maßnahmen ergreifen, mit denen sie die Rechte und das Wohl von Kindern und Jugendlichen in stationären Einrichtungen sicherstellen (vgl. Bundestag Drs. 19/26107, S. 98). Dies betrifft sowohl Einrichtungen mit bestehender Betriebserlaubnis als auch Einrichtungen, die eine solche anstreben. Dazu muss sichergestellt werden, dass Adressat*innen der Sozialen Arbeit immer auch die Möglichkeit haben, externe und unabhängige Beratungs- und Beschwerdestellen in Anspruch zu nehmen. Exemplarisch sei hier auf die Etablierung von ombudschaftlichen Beratungsstrukturen für Kinder, Jugendliche und Familien verwiesen (Len et al., 2022).

Die Etablierung von organisationalen Schutzkonzepten sowie unabhängiger Beschwerdestellen in allen Feldern der Sozialen Arbeit könnte dazu beitragen, das Vertrauen von Adressat*innen in ihre Institutionen zu stärken oder wiederherzustellen.

Weiterführende Literatur

Nachfolgend finden Sie einige Hinweise auf Publikationen und Materialien zur Erstellung von organisationalen Schutzkonzepten und Guidelines:

Beauftragter der Bundesregierung für die Belange von Menschen mit Behinderungen & Deutsches Institut für Menschenrechte (Hrsg.) (2022): Schutz vor Gewalt in Einrichtungen für Menschen mit Behinderungen – Handlungsempfehlungen für Politik und Praxis. https://www.behindertenbeauftragter.de/SharedDocs/Downloads/DE/AS/PublikationenErklaerungen/20220516_Gewaltschutz.pdf?__blob=publicationFile&v=4

Connect! Schutzkonzepte online (o. J.): https://www.schutzkonzepte-online.de/ – eine am Institut für Sozial- und Organisationspädagogik der Universität Hildesheim entstandene und vom Bundesministerium für Bildung und Forschung (BMBF) geförderte Plattform mit einer Sammlung vieler Materialien und Anregungen für unterschiedliche Arbeitsfelder und Institutionen, zum Beispiel Sportvereine, Altenpflege, Krankenhäuser, Kinder- und Jugendpsychiatrie und Flucht.

Fegert, Jörg; Kölch, Michael; König, Elisa; Harsch, Daniela; Witte, Susanne & Hoffmann, Ulrike (Hrsg.) (2018): *Schutz vor sexueller Gewalt und Übergriffen in Institutionen. Für die Leitungspraxis in Gesundheitswesen, Jugendhilfe und Schule*. 1. Aufl. Berlin und Heidelberg: Springer.

Oppermann, Carolin; Winter, Veronika; Harder, Claudia; Wolff, Mechthild & Schröer, Wolfgang (Hrsg.) (2018): *Lehrbuch Schutzkonzepte in pädagogischen Organisationen. Mit Online-Materialien*. 1. Aufl. Weinheim und Basel: Beltz Juventa.

UBSKM – Unabhängigen Beauftragten für Fragen des sexuellen Kindesmissbrauches (o. J.): Schutzkonzepte. https://beauftragte-missbrauch.de/themen/schutz-und-praevention/schutzkonzepte

8 Emotionen unter der Lupe: Dankbarkeit

> ☞ **Was Sie in diesem Kapitel lernen können**
>
> Was hat Sie dazu motiviert, Soziale Arbeit zu studieren oder einen helfenden Beruf auszuüben? War es der Wunsch, anderen zu helfen, oder das Streben nach sozialer Gerechtigkeit? Diese Motivation ist von großer Bedeutung, da sie eng mit den positiven Emotionen verbunden ist, die in der Sozialarbeit eine wichtige Rolle spielen. Sogenannte positive Emotionen wie Freude, Zufriedenheit oder Dankbarkeit können sowohl für die Klient*innen als auch für die Fachkräfte der Sozialen Arbeit von Vorteil sein. Sie tragen zur Schaffung einer angenehmen Arbeitsumgebung bei und fördern das Wohlbefinden aller Beteiligten (Wood et al., 2010). Wenn wir uns auf Dankbarkeit konzentrieren, erkennen wir den Wert und die Bedeutung der guten Aspekte in unserem Leben. Dankbarkeit kann uns dabei helfen, positive Beziehungen aufzubauen und unsere eigenen Emotionen zu regulieren. Konstrukte wie Optimismus haben eine lange Tradition in der psychologischen Forschung und wurden bereits in die gängige Praxis etwa von Beratung und Therapie integriert. Im Gegensatz zu Optimismus war Dankbarkeit bis vor Kurzem eine der am wenigsten untersuchten Emotionen (McCullough et al., 2002; Wood et al., 2007b), obwohl sie in anverwandten Disziplinen wie der Ethnologie, Theologie oder Philosophie schon lange als wichtige Emotion gilt (vgl. dazu Emmons & Crumpler, 2000). In diesem Kapitel werden wir uns damit beschäftigen, welche Rolle die Emotion Dankbarkeit in der Sozialen Arbeit einnehmen kann.

8.1 Definitionen von Dankbarkeit

Dankbarkeit wird allgemein als ein angenehmes Gefühl betrachtet, das auftritt, wenn jemand entweder materielle oder immaterielle Unterstützung oder Hilfe erhält (DeSteno et al., 2016). Dankbarkeit wird zu den selbsttranszendierenden Emotionen gezählt, da sie dazu anregt, unsere Aufmerksamkeit von uns selbst auf andere Menschen oder auf etwas Größeres als uns selbst zu lenken und damit eine Abkehr von unserer Selbstbezogenheit, unseren Sorgen oder egoistischen Zielen bewirkt (Fredrickson, 2013; Van Cappellen & Rimé, 2013; Stellar et al., 2017b). Es wird angenommen, dass selbsttranszendierende Emotionen bei der Manifestation spiritueller und religiöser Praktiken als Sinnsuche und bei prosozialem Verhalten eine wichtige Rolle spielen (Van Cappellen, 2017; Emmons, 2005). Sie haben die Kraft, Menschen miteinander zu verbinden. Zu den selbsttranszendierenden Emotionen werden außerdem auch Ehrfurcht, Erhabenheit, Bewunderung, Mitgefühl, Rührung und Kama Muta – die emotionale Verbindung, die wir spüren, wenn wir an Gefühlen anderer teilhaben, zum Beispiel wenn wir gerührt von der Wiedersehensfreude anderer Menschen sind (vgl. Fiske et al., 2019).

Dankbarkeit ist eine Emotion, die mit keiner eindeutigen Mimik oder Gestik verknüpft ist. Sowohl die Auslöser für Dankbarkeit als auch die zugehörigen Ausdrucksweisen sind stark von kulturellen Unterschieden geprägt. Dankbarkeit ist somit kein universelles emotionales Konzept. In einigen Gesellschaften kann es vorkommen, dass Menschen, die Hilfe von anderen erhalten, eher Scham als Dankbarkeit empfinden. In der japanischen Gesellschaft beispielsweise geht Dankbarkeit oft mit einer hohen Verbindlichkeit einher, sodass Menschen auch vermeiden, dass ihnen geholfen wird und sie Dankbarkeit im Sinne einer Verpflichtung empfinden müssen (Naito et al., 2005). In der westlich geprägten Welt liegt die Funktion der Dankbarkeit darin, langfristiges Wohlbefinden zu schaffen, indem sie direkt oder indirekt den Wert von sozialen Entscheidungen oder Verhaltensweisen erhöht. Dankbarkeit hilft Menschen, kurzfristige Kosten im Austausch für langfristige Vorteile zu akzeptieren. So nehmen wir Kosten in Kauf, um in eine Beziehung zu investieren, auf die wir uns in Zukunft verlassen können. Insbesondere scheint Dankbarkeit das Vertrauensgefühl innerhalb einer Beziehung zu stärken.

Dankbarkeit, so Lazarus und Lazarus (1994), erfordert auch die Fähigkeit, sich in andere einzufühlen. Menschen empfinden dann Dankbarkeit, wenn sie erkennen und schätzen, dass ein*e Wohltäter*in sich bemüht hat, ein Geschenk zu machen. Zur Untermauerung dieses Gedankens führten Bartlett und DeSteno (2006) eine Reihe von Experimenten durch, in denen sie Dankbarkeit auslösten, indem sie die Teilnehmenden mit einem Problem konfrontierten und sie dann die Hilfe einer anderen Person in Anspruch nehmen ließen, um es zu lösen. Die Ergebnisse zeigten, dass diejenigen Versuchspersonen, denen Hilfe angeboten wurde (im Vergleich zu einer Kontrollgruppe), später auch eher bereit waren, selbst größere Hilfe zu leisten. Je dankbarer die Personen waren, desto mehr Hilfeleistung zeigten sie zu einem späteren Zeitpunkt. Diese und anderer Studienergebnisse deuten darauf hin, dass Dankbarkeit dazu dienen kann, Menschen zu motivieren, Hilfe zu erwidern, was im Laufe der Zeit einen Kreislauf des gegenseitigen Gebens und Nehmens in Gang setzen kann. Dieser Kreislauf hat das Potenzial, Beziehungen zu stärken und Prosozialität im Allgemeinen zu fördern (ebd.). Es geht dabei also nicht nur um Reziprozität (»Wie du mir, so ich dir«), sondern Dankbarkeit scheint Verhaltensweisen anzuregen, die das Wohlbefinden anderer Menschen fördern. Dabei fokussiert die durch Dankbarkeit aktivierte Verhaltenstendenz nicht nur die Person, der man dankbar ist. Dankbarkeit geht darüber hinaus und fördert grundsätzlich eine prosoziale Bereitschaft. Diese Konzeptualisierung von Dankbarkeit findet man auch in der Soziologie. So schrieb beispielsweise Simmel (1950 [1908]), dass Menschen selbst dann Dankbarkeit empfinden, wenn sie erkennen, dass ein Geschenk oder eine

Unterstützung, die sie bekommen haben, in keiner Weise erwidert werden kann (z. B. die Gabe des Lebens, bestimmte Fähigkeiten und Talente).

8.2 Dankbarkeit und positive Psychologie

Mit zunehmendem Interesse an der positiven Psychologie, einem Forschungsbereich, der sich mit persönlicher Entwicklung, Glück und Wohlbefinden befasst, ist auch die Bedeutung von Dankbarkeit immer deutlicher geworden (McCullough et al., 2002). Im Vergleich zur traditionellen Psychologie, die eher defizitorientiert ausgerichtet ist und sich auf die *Behebung* von *Problemen und Störungen* konzentriert, hat die positive Psychologie das Ziel, das menschliche Wachstum und Wohlbefinden *zu fördern*. Sie legt den Fokus somit auf die Stärken, Ressourcen und positiven Aspekte des menschlichen Erlebens und Verhaltens. Als Wegbereiter der Positiven Psychologie gilt Martin Seligman, der um das Jahr 2000 mit Vorträgen und Aufsätzen darauf hinwies, dass es lohnend sein könnte, sich mehr mit den positiven Aspekten der Psyche zu beschäftigen. Gemeinsam mit seinem Kollegen Mihály Csíkszentmihályi, der für den Flow-Effekt bekannt geworden ist (Csíkszentmihályi, 1997), arbeitete er das Konzept der Positiven Psychologie aus. In der Tat haben Studien, die im Rahmen der Positiven Psychologie entstanden sind, gezeigt, dass das Kultivieren von positiven Emotionen und insbesondere von Dankbarkeit zahlreiche positive Auswirkungen hat, die sich auf mehreren Ebenen zeigen: der Ebene der individuellen Gesundheit, der Ebene der sozialen Beziehungen und auch der Ebene von Institutionen.

In der Literatur werden einige zentrale Befunde genannt, welche die Bedeutung von Dankbarkeit auf diesen unterschiedlichen Ebenen zeigen. Erstens scheint ein höheres Maß an Dankbarkeit Menschen vor Stresserkrankungen und Depression zu schützen (Lambert et al., 2012; Wood et al., 2008). Die Ergebnisse aus Metaanalysen deuten darauf hin, dass Dankbarkeit als Resilienzfaktor für die psychische Gesundheit eine entscheidende Rolle spielen könnte. Menschen, die in ihrem Leben häufig Dankbarkeit empfinden, leiden insgesamt weniger unter psychosomatischen Beschwerden wie Schlafstörungen und berichten über eine bessere Qualität ihrer Sozialbeziehungen im Vergleich zu Menschen, die weniger Dankbarkeit berichten (Algoe, 2012; Wood et al., 2008). Die Effekte sind relativ unabhängig davon, an wen diese Dankbarkeit gerichtet ist. Diese positive Wirkung wird darauf zurückgeführt, dass Dankbarkeit die Wahrnehmung positiver Ergebnisse im täglichen Leben erhöht und den Denkhorizont erweitert (Emmons et al., 2019). Wenn Menschen sich dankbar fühlen für die Situationen, die sie erleben, sind sie eher in der Lage, ihre persönlichen Ressourcen zu erhöhen, um den Alltag positiver zu gestalten (Unanue et al., 2019). In die gleiche Richtung geht die Theorie des Erweiterns und Aufbaus von Fredrickson (2004), die besagt, dass Dankbarkeit das Bewusstsein für Positivität erweitern und zum Aufbau von Ressourcen für die Erreichung von Lebenszielen beiträgt. Sie argumentiert, dass positive Emotionen im Gegensatz zu negativen

Emotionen insbesondere dann auftreten, wenn Menschen zufrieden sind und sich sicher fühlen. Dadurch, dass positive Emotionen nicht unmittelbar dafür da sind, das Überleben zu sichern oder eine Gefahr zu meistern (▶ Kap. 1.2), sind sie eher mit Verhaltensweisen verknüpft, die das Denken erweitern und den Aufbau von sozialen Beziehungen und Ressourcen ermöglichen (Fredrickson, 2004). Im folgenden Kasten finden Sie einige Beispiele dafür, wie Dankbarkeitsrituale in den Alltag eingebaut werden können.

> **Übung**
>
> - Nehmen Sie sich kurz Zeit, atmen Sie durch und schließen Sie für einen Moment die Augen.
> - Überlegen Sie, wer Ihnen in den letzten zwei Wochen etwas Gutes getan hat oder wer für Sie da war. (Der Zeitraum kann variiert werden.)
> - Visualisieren Sie vor Ihrem inneren Auge diese Situation(en).
> - Schreiben Sie auf, *wofür genau* Sie dankbar sind – je konkreter, desto besser.
> - *Genießen* Sie das Gefühl der Dankbarkeit für einen Augenblick.
> - Überlegen Sie: Was können Sie tun, um in der nächsten Zeit mehr von diesen Situationen zu erfahren?
>
> (basierend unter anderem auf Emmons et al., 2003)

8.3 Dankbarkeit in herausfordernden Lebenslagen?

Die Erkenntnisse aus dem Bereich der Positiven Psychologie haben dazu geführt, dass heute – insbesondere in den Vereinigten Staaten und vermehrt auch in Deutschland – viele Ansätze dazu bestehen, Praktiken der Dankbarkeit zu erlernen, um ein besserer, glücklicherer und gesünderer Mensch zu werden (vgl. Emmons et al., 2003; Froh et al., 2008). Vor diesem Hintergrund haben erst kürzlich einige Wissenschaftler*innen damit begonnen, diesen Ansatz kritisch zu hinterfragen (z. B. Jackson, 2016; Morgan et al., 2015). Es geht dabei um die Frage, wie Dankbarkeit in Situationen von sozialer Ungerechtigkeit und Ungleichheit moralisch bewertet werden sollte. Im Allgemeinen wird Dankbarkeit als moralisch gut und erstrebenswert betrachtet. Aber was ist mit Menschen, die sich in schwierigen Situationen befinden, in prekären Lebenslagen oder Notlagen? Wie verhält es sich hier mit der Forderung nach Dankbarkeit? Wir wissen noch wenig darüber, wie die soziale Situation, in der Menschen sich befinden, Dankbarkeit beeinflusst.

Im Selbstverständnis vieler Studienanfänger*innen ist Hilfe leisten zu wollen ein zentraler Bestandteil ihrer Motivation zur Berufswahl. Damit verbinden sich Erwartungen wie anderen etwas Gutes zu tun, ihnen beizustehen und ihre Not zu lindern. Relativ zügig werden sie dann damit konfrontiert, dass verberuflichte und professionalisierte Hilfe- und Unterstützungsangebote sich von privaten Kontexten unterscheiden und immer auch Kontrollaspekte beinhalten. Die Hilfe findet in machtasymmetrischen, beruflich strukturierten Verhältnissen statt und wird zugleich durch das Spannungsverhältnis von Hilfe und Kontrolle geprägt (im Überblick Thieme, 2017; Bieker, 2022, S. 50 ff.; klassisch Böhnisch & Lösch, 1973).

Wenn es um professionelle Hilfeleistungen im sozialstaatlichen Gefüge geht, treffen für das »Helfen« ausgebildete Fachkräfte in ihrer beruflichen Rolle auf Personen in Notlagen bzw. mit Unterstützungsbedarfen. Die Fachkräfte werden für die Erfüllung ihres beruflichen – und damit gesellschaftlich lizensierten und mandatierten – Auftrags in der Regel mit öffentlichen Geldern bezahlt. Die Hilfeempfänger*innen suchen weder in jedem Fall die Hilfe freiwillig, noch werden ihre Vorstellungen und subjektiven Hilfepläne in jedem Fall berücksichtigt. So gesehen bekommen sie zum Teil »Gaben«, die sie nicht wollen oder die auch nicht »passen«. Auch sind die Fachkräfte dazu angehalten, ihre Hilfeleistungen nicht an Vorstellungen von Sympathie oder Freundschaft zu knüpfen – sie können sich also nicht aussuchen, welchen konkreten Personen sie ihre Hilfeleistung zukommen lassen. Die oben aufgezeigte Reziprozität ist in diesen Beziehungen so nicht gegeben. Wie bereits im Kapitel zu Scham (▶ Kap. 5.2) dargestellt, kann die Angewiesenheit auf Hilfeleistungen aufseiten der Nutzer*innen zu Schamgefühlen führen.

Im Gegensatz zu privaten Beziehungsgefügen, die – zumindest theoretisch – auf Gleichwertigkeit und Reziprozität basieren, zeichnen sich institutionalisierte Hilfestrukturen nicht dadurch aus, dass Klient*innen den Fachkräften etwas »zurückgeben« (können). In vielen Arbeitsfeldern Sozialer Arbeit kommt das Strukturprinzip »Leistung gegen Leistung« nicht zum Tragen (Bolay, 1998, S. 36), auch kann nicht von ausgeglichenen Machtbalancen (Staub-Bernasconi, 2007) ausgegangen werden. Dementsprechend ist es auch plausibel, dass Dankbarkeit im Kontext professioneller Sozialer Arbeit wenig thematisiert wird und auch konkrete »Dankbarkeitserwartungen« von Fachkräften gegenüber Nutzer*innen kritisch diskutiert werden (Schröder, 2013; Bieker, 2022). Bolay spricht beispielsweise von der »statusmindernde[n] Position bloßer Dankbarkeit« (Bolay, 1998, S. 39). Daran anknüpfend diskutiert Schröder (2013) ebenfalls den Zusammenhang von Beschämung, Hilfe und Dankbarkeit. Bei Bieker heißt es:

> »Wer in der Sozialen Arbeit ausdrückliche Anerkennung und Wertschätzung als Gegenleistung von Adressat*innen erwartet, geht ein hohes Enttäuschungsrisiko ein. Moralische Erwartungen, die im lebensweltlichen Kontext an die Reaktion auf eine Hilfe ›von Mensch zu Mensch‹ bestehen (›Danke!‹), können generell nicht auf berufliche Relationen übertragen werden. [...] Soziale Arbeit stellt eine professionelle Dienstleistung dar, deren Gegenwert das gezahlte Entgelt und die Sinnhaftigkeit des eigenen Tuns ist. Im professionellen Raum geht es nicht um Dankbarkeit, sondern um die Wirksamkeit professioneller Unterstützung. Es ist hingegen nicht die Aufgabe von Adressat*innen, emotionale Bedürfnisse der Sozialfachkräfte zu erfüllen. Wie andere Arbeitnehmer*innen können und sollten Sozialfachkräfte aber die Anerkennung und Wertschätzung ihres Auftraggebers, vertreten durch den Arbeitgeber, erwarten. Ebenso bedarf es einer stärkenden kollegialen Kommunikation und Zusammenarbeit« (Bieker, 2022, S. 49 f.)

Zugespitzt: Wer sollte dann für was dankbar sein? Nutzer*innen, die Hilfe in Anspruch nehmen müssen, weil sie aufgrund von Armut auf Unterstützung angewiesen sind? Klient*innen, die gezwungen werden, Hilfe in Anspruch zu nehmen?

Wem gegenüber sollte die Dankbarkeit gezeigt werden – den Fachkräften gegenüber? Der Politik oder Gesellschaft, da Sozialleistungen öffentlich bereitgestellt bzw. erkämpft werden?

Wofür oder wem gegenüber könnten Sozialarbeitende in ihrer *beruflichen Rolle* dankbar sein? Dass sie aufgrund von Notlagen anderer eine sinnstiftende berufliche Tätigkeit ausüben können? Oder sich im Vergleich mit den Notlagen »ihrer« Klient*innen der eigenen Privilegien bewusst werden und darüber eine Dankbarkeit gegenüber ihrem »Schicksal« empfinden?

Mit letztgenannten Fragen kann zwar möglicherweise eher an die zuvor dargestellten Befunde der Positiven Psychologie angeknüpft werden; die Anbindung an Professionstheorien oder professionsethischen Fragestellungen Sozialer Arbeit fällt ungleich schwerer aus. Typischerweise zeichnen sich aktuelle Theorien und Konzepte Sozialer Arbeit dadurch aus, dass sie individuelle Notlagen an strukturell verursachte soziale Ungleichheitsverhältnisse rückbinden, die aufgrund ungerecht verteilter Zugänge zu zentralen Ressourcen entstehen. Dankbarkeit – vielleicht auch in der Konnotation von Zufriedenheit – erscheint in einem solchen Zugang eher »fehlplatziert«. Nicht Barmherzigkeit, Mildtätigkeit oder Altruismus bilden die Wertebasis und das Selbstverständnis professioneller Sozialer Arbeit, sondern Prämissen wie Menschenwürde und unveräußerliche Menschenrechte. Damit einhergehend ist es Anspruch Sozialer Arbeit zur Verwirklichung dieser Ansprüche beizutragen (Menschenrechtsansatz), zur Realisierung von Verwirklichungschancen (*capability approach*) bzw. zur sozialen Gerechtigkeit (u. a. Staub-Bernasconi, 2019; Otto & Ziegler, 2010; Thiersch, 2015; Böhnisch & Schröer, 2013).

8.4 Fazit und Implikationen für die Praxis

Die Voraussetzungen bzw. Eigenheiten Sozialer Arbeit tragen sicherlich dazu bei, dass es in diesem Bereich keine besonders umfangreiche oder tiefgehende Auseinandersetzung mit der Emotion Dankbarkeit gibt – weder in Hinblick auf die Publikationslandschaft noch in Forschungsarbeiten. Und dennoch: Es ist davon auszugehen, dass auch in Arbeitsbeziehungen im Kontext Sozialer Arbeit die Emotion Dankbarkeit eine Rolle spielen kann und zum Beispiel das Zeigen von (Un-)Dankbarkeit die konkrete Beziehungsgestaltung von Fachkräften und Adressat*innen beeinflusst. Anschaulich beschrieben hat das Andrea Trueb (2021) in ihrer Bachelorarbeit »Dankbarkeit im Kontext Sozialer Arbeit – Konsequenzen für Klient*innen und Auswirkungen auf das professionelle Handeln«.

Es erscheint uns lohnenswert, sich stärker als bisher mit der Bedeutung von »positiven« Emotionen wie Freude und Dankbarkeit im Berufsalltag auseinanderzusetzen. Die dargestellten Befunde aus der Positiven Psychologie verdeutlichen, dass Dankbarkeit eine kraftvolle Emotion ist, die erhebliche positive Auswirkungen auf Gesundheit und Wohlbefinden haben kann. Techniken oder Übungen zum Empfinden von Dankbarkeit haben – wenn sie reflektiert und situationsangemessen angewandt werden – sicher auch Potenzial, positive Veränderungen oder Entwicklungsprozesse von Adressat*innen zu unterstützen, und können auch der eigenen Stabilisierung oder Reflexion dienen. Die Herausforderung für Sozialarbeitende scheint uns hier zu sein, die gesellschaftskritische Perspektive nicht aufzugeben und Verursachungszusammenhänge von menschlichem Leid und Notlagen weder theoretisch noch praktisch außer Acht zu lassen.

9 Emotionen unter der Lupe: Empathie

> **☞ Was Sie in diesem Kapitel lernen können**
>
> In Ihrer Arbeit begegnen Sie täglich Menschen mit unterschiedlichen Hintergründen, Lebenserfahrungen und Bedürfnissen. Wie gehen Sie mit dieser Verschiedenheit im Arbeitsalltag um? Wie können Sie sicherstellen, dass Sie einfühlsam und unterstützend sind, während Sie gleichzeitig professionelle Hilfe bieten? Diese Fragen führen uns zu einem zentralen Konzept: Empathie. Gleichzeitig stellt sich die Frage, wie sich dieses von verwandten Konzepten wie Mitgefühl und Sorge abgrenzt. Aus einer historischen Perspektive und insbesondere im Kontext Sozialer Arbeit und helfender Berufe werden in diesem Zusammenhang auch die Begriffe Mitleid und Einfühlung diskutiert. »Social workers should act in relation to the people using their services with compassion, empathy and care« (International Federation of Social Workers & International Association of Schools of Social Work, o. J., 5.4). Debatten darüber, wie sich diese Begriffe unterscheiden, ob Empathie »kognitiv oder affektiv« ist, eine Einstellung oder ein Verhalten, haben dazu beigetragen, dass die Erforschung der Konsequenzen zeitweise vernachlässigt wurde (Gibbons, 2011). Zu betonen ist auch hier wiederum, dass sich eine Vielzahl von wissenschaftlichen Disziplinen mit Empathie und anverwandten Konzepten auseinandersetzt: Neben den von uns vorgestellten Ansätzen ist Empathie, Mitgefühl oder auch Mitleid Gegenstand der Literaturwissenschaften, der Philosophie, der Ethik oder auch der Rechtswissenschaft (zu unterschiedlichen Zugängen im Überblick vgl. Harbou, 2014). In diesem Kapitel werden wir Definitionen und Konzepte von Empathie erkunden, sowie ihre Bedeutung für professionelles Handeln diskutieren und auf aktuelle Forschungsergebnisse eingehen, die das Verständnis von Empathie vertiefen.

9.1 Definitionen und Zugänge

Die unklare Definition von Empathie hat einige Jahre lang sowohl auf die (empirische) Forschung als auch auf die Praxis Auswirkungen gehabt. Ohne eine klare Vorstellung davon, was Empathie genau ist und wie sie sich manifestiert, war es schwierig, sie systematisch zu untersuchen und in praktische Interventionen zu integrieren. Dies führte zu einem Mangel an konsistenten und effektiven Ansätzen zur Förderung von Empathie in sozialen Kontexten. Die Entdeckung der sogenannten Spiegelneuronen und deren Bedeutung für Empathie haben jedoch die Forschung wieder ins Rollen gebracht (Rizzolatti et al., 2008). Spiegelneurone sind eine Klasse von Neuronen im Gehirn, die aktiviert werden, wenn eine Person eine Handlung ausführt und auch wenn sie eine ähnliche Handlung bei einer anderen Person beobachtet. Dies deutet darauf hin, dass wir Menschen die Fähigkeit besitzen, die Handlungen, Emotionen und Erfahrungen anderer zu »spiegeln« oder nachzuvollziehen, was eine wichtige Grundlage für Empathie darstellt. Empathie ist keine bloße Fähigkeit, sondern ein fundamental wichtiges Element menschlicher Interaktionen und spielt eine entscheidende Rolle in verschiedenen Bereichen des Lebens, von persönlichen Beziehungen bis hin zur beruflichen Entwicklung. Zwischenmenschliche Beziehungen werden maßgeblich durch die Fähigkeit geprägt, die Absichten, Gedanken und Emotionen anderer zu verstehen und nachzuvollziehen (Arioli et al., 2018).

Empathie wird oft als die Fähigkeit definiert, die Gefühle, Gedanken und Perspektiven anderer zu verstehen und mitzufühlen (z. B. Zaki & Ochsner, 2012). Es geht darum, die emotionale Welt anderer Menschen zu erkennen und angemessen darauf zu reagieren. Empathie beinhaltet aber nicht nur die Fähigkeit, sich in andere hineinzuversetzen, deren Perspektive zu übernehmen, sondern auch die Bereitschaft, anderen zu helfen oder sie zu unterstützen. Diese Begriffsbestimmung unterstreicht die Idee, dass Empathie ein *vielschichtiges Konstrukt* ist, das verwandte, aber unterschiedliche Komponenten umfasst. Dabei werden in Bezug auf Empathie innerhalb der psychologischen Forschung drei Teilbereiche besonders herausgestellt: *Mentalisierung*, das *Teilen von Empfindungen* und *prosoziale Tendenzen*. Diese drei Prozesse arbeiten oft zusammen und ermöglichen eine empathische Reaktion auf andere Menschen:

Kognition: Mentalisierung

Mentalisierung ist ein komplexer Prozess, der in der Psychologie als Schlüsselkomponente für Empathie betrachtet wird; er ermöglicht das Verstehen und Interpretieren von Gedanken, Gefühlen und Absichten anderer Menschen. Mentalisierung beinhaltet die Fähigkeit, sich in die Perspektive anderer hineinzuversetzen und zu erkennen, dass ihre Erfahrungen und Überzeugungen von unseren eigenen abweichen können. Durch Mentalisierung können wir die Motivationen und Handlungen anderer besser verstehen und empathische Reaktionen entwickeln. Es geht darum, sich sowohl in die eigene innere psychische Welt als auch in die anderer Personen hineinversetzen zu können. Die Fähigkeit zur Mentalisierung verläuft weitgehend unbewusst und automatisch als *kognitive Leistung:* »Cognitive mentalizing thus refers to the ability to make inferences about beliefs and motivations […]« (Sebastian et al., 2012, S. 1). Nach Bateman und Fonagy (2004) bezieht sich Mentalisierung auf den Prozess, durch den wir erkennen, dass unser *Verstand* eine wichtige Funktion hat und zwischen unseren Erfahrungen, der Welt und den Erfahrungen anderer Personen vermittelt. Wir haben die Fähigkeit, uns vorzustellen, was andere denken, und dies schafft eine soziale Verbundenheit.

Mentalisierung ist ein neuerer Begriff und nahezu gleichzusetzten mit dem älteren Begriff der Perspektivübernahme. Nach Batson et al. (z. B. 2003) meint Perspektivübernahme die mentale Fähigkeit, sich in die Lage anderer Personen hineinzuversetzen. Allgemein ist bekannt, dass die Perspektivenübernahme ein wichtiger Faktor für Hilfeverhalten darstellt (Cialdini et al., 1997). Neuere Arbeiten deuten darauf hin, dass die Fähigkeit zur Perspektivübernahme, das heißt zur kognitiven Mentalisierung, eng mit der Entwicklung sozialer Kompetenzen und der Qualität zwischenmenschlicher Beziehungen verbunden ist.

Insbesondere in der Sozialen Arbeit spielt Mentalisierung eine bedeutende Rolle, da sie es Fachkräften ermöglicht, sich in die Lebenswelten ihrer Klient*innen einzufühlen und ihre Bedürfnisse besser zu verstehen. Durch ein tieferes Verständnis der mentalen Zustände ihrer Klient*innen können Fachkräfte geeignete Interventionen entwickeln und Unterstützung bieten, die den individuellen Bedürfnissen gerecht wird. Darüber hinaus zeigt die Forschung, dass eine verbesserte Mentalisierungsfähigkeit dazu beitragen kann, die Qualität zwischenmenschlicher Beziehungen zu steigern und Konflikte zu reduzieren. Indem Menschen lernen, die Perspektiven anderer zu verstehen und empathisch darauf zu reagieren, können sie eine *unterstützende und kooperative Umgebung* schaffen, die das Wohlbefinden aller Beteiligten fördert. Zu bedenken ist aber dabei, dass diese Fähigkeit nicht voraussetzungslos oder per se ausgebildet ist. Es fällt Menschen offensichtlich leichter, sich (zunächst) in Personen einzufühlen, die man als sich selbst ähnlich wahrnimmt. In sozial ungleichen Gesellschaften ist also davon auszugehen, dass gerade Personen in schwierigen Lebenslagen nicht quasi-natürlich mit Einfühlungsvermögen rechnen können – hier spielen insbesondere auch Schuldzuschreibungen und Bewertungsprozesse eine Rolle.

Emotion: das Teilen von Empfindungen

Dieser Aspekt der Empathie bezieht sich auf die Fähigkeit, die Emotionen anderer Menschen zu erkennen und sie emotional zu erleben, *als wären sie unsere eigenen* (Hein & Singer, 2010). Wenn wir die Emotionen anderer teilen, können wir uns in ihre Lage versetzen und ihre Gefühle intuitiv verstehen. Diese Art der Empathie ermöglicht es uns, uns mit anderen *emotional zu verbinden* und mitfühlend zu reagieren. Dabei ist die Empathie nicht eine konkrete Emotion an sich, sondern kann verschiedene emotionale Qualitäten aufweisen. Ich kann empathisch reagieren, indem ich Ärger verspüre, wenn mir eine Person davon berichtet, wie unfair sie behandelt wurde, und deshalb wütend ist (dieselbe Emotion nachempfinden, *als ob*). Ebenso kann Empathie dazu führen, dass ich Freude empfinde, wenn ich die Erfolge oder glücklichen Momente anderer Menschen teile oder auch Mitgefühl und Traurigkeit, wenn ich das Leid und den Kummer anderer Menschen emotional nachvollziehe. Es geht also um Mitfühlen im »ganzen Spektrum«.

Tobias Altmann (2018) fasst in seiner Darstellung von verschiedenen Definitionen bzw. Zugängen zu Empathie die zuvor dargestellten zwei Bereiche als »duales Empathiemodell« zusammen. Demnach besteht Empathie aus dem Zusammenspiel der kognitiven Komponente (hier: das gedankliche Erfassen und Verstehen der Perspektive des Gegenübers in der spezifischen Situation) *und* der affektiven Komponente (hier: das Mitfühlen mit den Emotionen des Gegenübers). Empathie unterscheidet sich dadurch auch von der »Gefühlsansteckung« (ich fühle »parallel« zur Person), da diese auch ohne das kognitive Nachvollziehen der Perspektive und Situation des Gegenübers möglich sei.

Neben der Perspektivübernahme ist für Empathie zudem zentral, dass die »Selbst-Andere-Differenzierung« aufrechterhalten werden kann: »Sie ermöglicht eine Bewusstheit darüber, wo die Quelle bzw. der Ursprung der Emotionen liegt, die empathisch in der eigenen Person aufgekommen sind« (Altmann, 2018, o. S.). Gelingt dies nicht, kann dies zum Beispiel zu Überforderung und folglich zur Abwehr des Gegenübers führen. In Hinblick auf soziale Berufe wird die Begünstigung von Burnout und Depressivität in dem Zusammenhang diskutiert (Altmann & Roth, 2014).

Dies steht im Einklang mit berichteten Unterschieden in den neurologischen Prozessen, die den beiden Konstrukten Empathie und Mitgefühl zugrunde liegen (Decety & Michalska, 2010). Aufgrund dieser unterschiedlichen Implikationen sind die meisten Autor*innen inzwischen der Ansicht, dass Empathie und Mitgefühl getrennt betrachtet werden sollten. Somit kann Empathie metaphorisch als *Schablone* gesehen werden, die uns erlaubt, die Form der Emotionen anderer zu erkennen und sie in unserem eigenen emotionalen Raum nachzuzeichnen. Indem wir die vielfältigen Emotionen anderer teilen, können wir uns in ihre Erfahrungen einfühlen und eine Verbindung auf einer tieferen emotionalen Ebene herstellen.

Diese Fähigkeit, sich in die emotionalen Erfahrungen anderer hineinzuversetzen, bildet das Fundament für zwischenmenschliche Beziehungen, Mitgefühl und soziale Verbundenheit, aber auch für eine professionelle Soziale Arbeit. So gilt Empathie innerhalb der klientenzentrierten Beratung (Rogers, 1975) als »Anforderung, das Problem aus der Perspektive des Ratsuchenden zu sehen, die innere Realität des Klienten wahrzunehmen, zu verstehen und dem Klienten mitzuteilen« (Nußbeck, 2006, S. 60). Empathie gilt als zentrale Variable im Beratungsprozess, ohne die eine vertrauensvolle Beziehung zwischen Fachkraft und Klient*in kaum möglich ist (Sander, 2004; kritisch dazu Katsivelaris, 2012). Altmann (2018) führt in dem Zusammenhang an, dass Empathie hier stärker als interpersoneller Prozess verstanden wird bzw. als empathische Kommunikation konzeptionalisiert werden kann. Interpersoneller Prozess meint, dass Empathie weniger »als intra-individueller Prozess, der nur den Anlass des Gegenübers braucht«, gefasst wird, sondern als »komplexe Interaktion mit Rückmeldungen und Reaktionen darauf« (ebd., o. S.). In Konzepten der klientenzentrierten Gesprächstherapie bzw. Gesprächsführung nach Carl Rogers (1975) wie auch im Konzept der Gewaltfreien Kommunikation nach Marshall B. Rosenberg (2008) werden also die kommunikativen Anteile und Prozesse im Zusammenhang mit Empathie betont, da es um die Wahrnehmung und das Teilen des emotionalen Zustands des Gegenübers, das Mitteilen der eigenen Wahrnehmung sowie das Mitfühlen und die Reaktion des Gegenübers auf dieses Mitteilen geht.

> **Exkurs: Empathie als Abgrenzung**
>
> In neurowissenschaftlichen Untersuchungen wird – wie schon erwähnt – den Erkenntnissen zu Spiegelneuronen im Kontext von Empathie hohe Aufmerk-

samkeit geschenkt. Diesen zufolge verläuft die emotionale Ansteckung im Gehirn nahezu automatisch. Es gibt viele Indizien dafür, dass, wenn wir Menschen beobachten, die eine starke emotionale Reaktion zeigen, bei uns automatisch die gleichen Hirnareale aktiviert werden. Vieles deutet auf einen Automatismus der Spiegelneurone und der emotionalen Ansteckung hin. Fritz Breithaupt (2012) betont deshalb, dass gerade die *Abgrenzung* zwischen den eigenen Emotionen und denen einer anderen Person eine wichtige Rolle bei der Hilfeleistung im Allgemeinen spielt. Indem wir erkennen, dass wir *nicht identisch* mit der anderen Person sind, können wir eine gesunde Distanz wahren und unsere Empathie kontrollieren, um eine effektive Unterstützung zu bieten. Dies ermöglicht es uns, mitfühlend zu sein, ohne uns vollständig mit den Emotionen oder Problemen der anderen Person zu identifizieren, was uns erlaubt, klare Grenzen zu setzen und auch unsere eigene psychische Gesundheit zu schützen. In der Literatur wird dies manchmal als *Selbst-Andere-Differenzierung* bezeichnet, womit gemeint ist, dass die Emotion des Gegenübers bewusst als diesem Anderen zugehörig und nicht als eigene Emotion erlebt wird. Ohne die Fähigkeit, die automatische emotionale Ansteckung zu kontrollieren, besteht die Gefahr, dass wir die Emotionen anderer ständig in uns aufnehmen und sie als unsere eigenen erleben. Dies könnte dazu führen, dass wir uns dauerhaft in einem Zustand von Stress befinden, weil wir die negativen Empfindungen anderer ununterbrochen aushalten müssten.

> »Empathy [...] necessitates some level of emotion regulation to manage and optimize intersubjective transactions between self and other. Indeed, the emotional state generated by the perception of the other's state or situation needs regulation and control for the experience of empathy. Without such control, the mere activation of the shared representation, including the associated autonomic and somatic responses, would lead to emotional contagion or emotional distress« (Decety & Jackson, 2004, S. 87).

Verhalten: prosoziale Tendenzen

Prosoziale Tendenzen sind Verhaltensweisen, die darauf abzielen, anderen zu helfen, ihr Wohlergehen zu fördern oder ihr Leiden zu lindern. Empathie spielt eine entscheidende Rolle bei prosozialem Verhalten, da sie uns dazu motiviert, für das Wohl anderer einzutreten und ihnen in schwierigen Situationen beizustehen. Menschen mit ausgeprägten prosozialen Tendenzen sind oft einfühlsam, mitfühlend und bereit, anderen zu helfen, selbst wenn es Opfer erfordert. Empathie wird weithin als Schlüsselelement therapeutischen und sozialarbeiterischen Handelns anerkannt (Barrett-Lennard, 1981; Bohart et al., 2002). Darüber hinaus wurde das Phänomen seit einigen Jahrzehnten im Rahmen der Altruismus-Empathie-Hypothese (Batson, 1991) untersucht, die postuliert, dass prosoziales und auch altruistisches Verhalten durch Empathie und Mitgefühl motiviert werden. Neuere Erkenntnisse auf diesem Gebiet haben gezeigt, dass diese Hypothese eine wichtige Rolle bei der Erklärung altruistischen Verhaltens spielen kann, jedoch auch ihre Grenzen hat. Zum Beispiel kann die Bereitschaft zu helfen durch Faktoren wie die Ähnlichkeit zwischen der helfenden Person und der Hilfsbedürftigen beeinflusst werden und es besteht eine Tendenz, Menschen zu unterstützen, die mir in irgendeiner Form ähnlich sind oder mit deinen ich die Zugehörigkeit zu einer bestimmten Gruppe teile. Allerdings wird »anderen« nicht zwangsläufig weniger geholfen, vielmehr unterscheiden sich die Motive, aus denen heraus geholfen wird (z. B. Siem, 2018; van Leeuwen & Täuber, 2010, S. 81). Während wahrgenommene Ähnlichkeit ein Faktor ist, der dazu führt, dass wir Menschen, die uns psychologisch nahestehen, helfen, wird die Hilfe »anderen« gegenüber durch weitere Prozesse erklärt. So finden neuere psychologische Studien (van Leeuwen & Täuber, 2012), dass diese Hilfeleistung auch durch strategische Motive aktiviert werden kann, die darauf abzielen, die positive Unterscheidbarkeit zwischen den Gruppen zu erhalten (»*Die* benötigen Hilfe, wir nicht«), wodurch sich die helfende Partei in einem positiven Licht darstellen kann.

> **Reflexionsfragen**
>
> - Können Sie eine Situation aus Ihrem Leben beschreiben, in der Sie sich bewusst in die Perspektive einer anderen Person versetzt haben? Wie hat sich das auf Ihre Beziehung zu dieser Person ausgewirkt?
> - Haben Sie schon einmal erlebt, dass Ihre Empathie an Grenzen gestoßen ist? Wenn ja, wie sind Sie damit umgegangen und was haben Sie daraus gelernt?
> - Wie können Empathie und Mitgefühl dazu beitragen, soziale Ungerechtigkeiten zu erkennen und zu bekämpfen?
> - Welche Herausforderungen sehen Sie in der Anwendung von Empathie in Ihrer beruflichen Praxis? Wie kann eine Abgrenzung funktionieren? Wie könnten Sie diesen Herausforderungen begegnen, sodass Sie eine effektive Unterstützung gewährleisten können?

9.2 Empathie und Machtfragen

Empathie ist eine grundlegende menschliche Fähigkeit, die eine Schlüsselrolle in unserem sozialen und emotionalen Leben spielt. Ein besseres Verständnis der Konzepte, Theorien und Forschungsergebnisse zu Empathie kann dazu beitragen, zwischenmenschlichen Beziehungen zu verbessern, Konfliktlösungen anzugehen und damit letztlich auch eine unterstützende und mitfühlende Gesellschaft zu fördern.

Für die Soziale Arbeit als »helfende Profession« von besonderer Relevanz sind dabei Debatten und Theorien, die auf das Verhältnis von Empathie und Mitgefühl bzw. Mitleid eingehen, sowie Reflexionen zum Verhältnis von Empathie und Macht sowie dem von Empathie, Bildung und sozialer Gerechtigkeit.

So beschäftigen sich verschiedene Autor*innen mit der unterschiedlichen Bedeutung von Mitleid, Barmherzigkeit oder Empathie bzw. Mitgefühl für das (berufliche) Helfen. C. W. Müller (2007) wie auch Hans Thiersch (2015 [1995]) diskutieren Mitleid vor dem Hintergrund der Entwicklung Sozialer Arbeit von der

»tätigen Nächstenliebe« (Müller, 2007, S. 13) hin zur professionellen und bezahlten Hilfeleistung im Wohlfahrtsstaat. So erörtert Müller, dass »an der Wiege aller Berufe der Sozialen Arbeit im weitesten Sinne« bestimmte christliche Wertvorstellungen stünden, und verweist dabei auf das biblische Gleichnis vom barmherzigen Samariter, welches das »Gebot, dass jedem geholfen werden solle, der sich in Not befindet, [...] als situative Handlungsaufforderung, die sich auf Einzelfälle bezieht« enthalte (ebd., S. 13f.). Mit dem gesellschaftlichen Wandel und der historischen Entwicklung von Werten wie Gleichheit und Gerechtigkeit stellten sich aber zunehmend »Fragen nach den strukturellen, den gesellschaftlichen Ursachen der Not. Dann bleibt das barmherzige Handeln des Samariters moralisch geboten. Aber es allein reicht nicht mehr aus, um die Not zu bannen« (ebd., S. 14). Müller spricht dabei auch die politische Dimension bzw. politische Voraussetzungen an, von denen es abhängt, ob moralische Grundwerte wie Nächstenliebe, Gerechtigkeit oder auch Solidarität verwirklicht werden und ob bzw. wie Soziale Arbeit finanziert und gewährleistet wird (ebd., S. 18).

Auch Thiersch beleuchtet die Rolle von Mitleid im Wohlfahrtsstaat und konstatiert vor nunmehr ca. 30 Jahren: »Das z. Zt. von Mitleid nicht viel geredet wird, hat Gründe; Mitleid klingt nach Herablassung, Zudringlichkeit, nach gefühligem Voyeurismus, der ein tatkräftiges Engagement scheut: der Begriff ist belastet« (Thiersch, 2015 [1995], S. 178). Dabei geht er auf unterschiedliche Begriffskonnotationen ein (z. B. Mitleid als Anteilnahme an Schmerz und Handeln aus Anteilnahme heraus) und setzt Mitleid zu Solidarität (hier als Erkenntnis, dass alle Menschen verletzlich und ins Leben »geworfen sind«) ins Verhältnis. Zugleich führt er aus, dass Mitleid als Solidarität immer auch gefährdet ist durch »Spiele von Macht, Beschämung und Demütigung« (ebd., S. 184).

Allgemeiner zu den Unterschieden zwischen Mitleid und Empathie formuliert Lena Funk, dass Mitleid als spezifische Form der Empathie aufgefasst werden kann (Funk, 2016, S. 55 und s.o.). Empathie ist demnach das weiter gefasste multidimensionale Konstrukt mit affektiver und kognitiver Dimension, das auf dem Verstehen (kognitiv) und Teilen (affektiv) des emotionalen Zustandes oder Kontextes einer anderen Person basiert, sich aber auf jede Emotion des Gegenübers beziehen kann, während Mitleid »empathische Elemente wie Anteilnahme, Sorge um das Wohlergehen anderer und prosoziales Verhalten« beinhalte, aber sich ausschließlich auf »negative« oder als unangenehm empfundene Emotionen des Gegenübers beziehe (ebd., S. 56). Auch Altmann (2018) betont, dass Mitleid bzw. Mitgefühl stärker das Erleben fürsorglicher Emotionen für das Gegenüber beinhaltet als Empathie allgemein.

Andere Autor*innen betonen hingegen stärker, dass Mitleid (erstens) nicht zwangsläufig zu tatsächlichen Hilfeleistungen führt bzw. Hilfe*handlungen* motiviert und (zweitens) auch gesellschaftliche Hierarchien reproduziere. Mitleid setze zwar ein gewisses Maß an Ähnlichkeit voraus, kann aber stärker (als Mitgefühl) mit einer Distanz bis hin zu einem Überlegenheitsgefühl den leidenden Personen gegenüber einhergehen und auch ohne den Wunsch zu helfen bestehen. Greta Wagner spricht hierbei auch von einer »ambivalenten Struktur des Mitleids«, da es zur Reproduktion von Ungleichheiten betragen könne (Frevert et al., 2024, S. 209f.). In Bezug auf wohlfahrtsstaatliche Wandlungsprozesse, die von Fabian Kessl und Holger Schoneville unter dem Begriff »neue Mitleidsökonomie« diskutiert werden (▶ Kap. 5.2), führt Wagner kritisch zu mitleidsbasierten Hilfen aus:

> »Mitleid ist erstens prekär und kann jederzeit entzogen werden, beispielsweise wenn die Empfängerin meines Mitleids sich nicht meinen Erwartungen entsprechend verhält. Es ist zweitens partikular, weil nur mit denjenigen Mitleid empfunden wird, die als deserving verstanden werden, deren Leiden wir also nicht als selbstverursacht betrachten. Und schließlich [...] reproduziert Mitleid symbolische Ungleichheiten insbesondere, wenn es wohltätige Gaben motiviert, die nicht anders als durch Dankbarkeit erwidert werden können« (Wagner in Frevert et al., 2024, S. 206).

9.3 Fazit und Implikationen für die Praxis

Während das Konzept Mitleid überwiegend keinen großen Bezugspunkt (mehr) für professionelle Soziale Arbeit im Wohlfahrtsstaat darstellt oder zumindest dahingehend eher kritische Stimmen zu vernehmen sind, wird demgegenüber Empathie überwiegend positiv konnotiert verwendet und vor allem in Zusammenhang mit methodischen Konzepten (s. o.) als grundlegend für die Beziehungsgestaltung erörtert. Blickt man auf die Debatten hierzu, kann aber festgestellt werden, dass hier nicht immer trennscharf unterschieden wird zwischen Empathie und Mitgefühl oder auch Mitleid. Davon abgesehen ist es auch in Bezug auf das Konzept der Empathie unerlässlich, dieses im Rahmen der Spannungsfelder professionellen Handelns zu betrachten. So diskutiert Carsten Schröder (2022), aber auch Niko Katsivelaris (2012), das Verhältnis von Empathie und Macht – vor allem angesichts dessen, dass Adressat*innen oder Nutzer*innen Sozialer Arbeit sich häufig in Lebenssituationen befinden, in denen ihre Autonomie und Integrität bedroht ist. Katsivlearis kritisiert, »dass der Empathie-Begriff von der strukturellen Ambivalenz der Sozialen Arbeit, die traditionell im ›Doppelten Mandat‹ zwischen Hilfe und Kontrolle [...] gefasst wird, unberührt zu sein scheint« und sehr einseitig positiv mit Hilfe oder helfen assoziiert werde (ebd., S. 1). Insbesondere hinterfragt der Autor die »idealisierende Bedeutung« von Empathie bzw. Mitgefühl in den schon oben erwähnten Ansätzen von Rogers und Rosenberg. Der Autor konstatiert in dem Zusammenhang unter anderem, dass Machtfragen negiert werden bzw. eine »vollkommene Ausblendung der strukturellen Asymmetrie zwischen SozialarbeiterIn und KlientIn« erfolge (ebd., S. 3 f.). In diesem Zusammenhang kritisiert er zum Beispiel die Ausführungen von Rosenberg zu einem »empathischen« Umgang mit Ablehnung, da dieser eine »berechtigte Zurückweisung« sozialarbeiterischer Interventionen durch Adressat*innen verunmögliche. Insgesamt sieht Katsivlearis unter Bezugnahme auf Foucault (2005) in der idealisierenden Verwendung des Empathiekonzeptes in den dargestellten methodischen Ansätzen die Gefahr, dass diese unkritisch und machtblind als Techniken der (»guten«) Führung zur normalisierenden Persönlichkeitsveränderung von Adressat*innen genutzt werden, ohne dass dabei eine Reflexion zum Beispiel der asymmetrischen Rollenverteilung erfolgt (ausführlich zu den problematischen Aspekten von Normalisierung vgl. Lob-Hüdepohl, 2007, S. 141; Seelmeyer, 2017).

Auch Schröder diskutiert Empathie und Machtfragen, stärker jedoch in Hinblick auf die Reproduktion sozialer Ungleichheitsverhältnisse. Er argumentiert, dass zwar einerseits Empathie im Anschluss an Tomasello (2012) als grundlegend für kooperatives Handeln notwendig ist, sich aber andererseits Fachkräfte kritisch hinterfragen müssten, »ob durch das eigene Mitfühlen und der darin sich konstituierenden Anerkennung soziale Ungleichheitsverhältnisse reproduziert werden« würden (Schröder, 2022, S. 353).

Dem könnte allerdings hinzugefügt werden, dass ohne Mitfühlen und das Verständnis davon bzw. dem Interesse dafür, wie sich Ungleichheitsverhältnisse auf die Lebensführung von konkreten Personen negativ auswirken können, die Reproduktion dieser Verhältnisse wahrscheinlicher wird. Um nicht Gefahr zu laufen, dass Empathie zu »einem Mittel der Moralisierung« wird und »zu Bewertungen darüber, welche Nutzer_innen das Mitfühlen verdienen und welche nicht« (ebd.), führt, könnte es hilfreich sein, sich genau mit diesen Fragestellungen auseinanderzusetzen und damit letztlich die kognitive Dimension über Wissensvermittlung und Bildung zu stärken.

Hier lässt sich möglicherweise an die Ideen der Philosophin Martha C. Nussbaum anknüpfen, die in ihren umfangreichen Überlegungen wiederholt auf die Rolle von »moralischen Gefühlen« und einer »sentimental education« (sentimentalen Bildung) für eine demokratische und sozial gerechte(re) Gesellschaft eingeht. In ihrem Zugang zu Emotionen als Werturteile argumentiert sie bezogen auf Empathie bzw. Einfühlung *(compassion)*, dass Einfühlungsvermögen eine zentrale Rolle für ein moralisch erfülltes Leben spielt und damit letztlich auch zu einer sozial gerechteren Gesellschaft beitrage (grundlegend Nussbaum, 2001; im Folgenden Nussbaum, 2022). So beschreibt sie in Bezug auf die Lösung von Problemen in Zusammenhang mit Behinderung, Nationalität und Spezieszugehörigkeit, dass Menschen hierfür »über sehr viel Mitgefühl und Wohlwollen verfügen und diese Gefühle über die Zeit hinweg aufrechterhalten« müssen (Nussbaum, 2022, S. 550). Folglich müssen eine Gesellschaft und ihre Institutionen, die in diesen Bereichen Gerechtigkeit anstreben, den moralischen Gefühlen und ihrer Kultivierung anhaltende Beachtung schenken (ebd., S. 555). Dies verortet sie auch innerhalb ihres »Fähigkeitenansatzes« *(capability approach)*, mit dem sie eine offene Liste zu zehn Fähigkeiten entworfen hat, »die den wesentlichen Anforderungen an ein menschenwürdiges Leben entsprechen« und als »allgemeine Ziele [...], die von konkreten Gesellschaften im Rahmen ihrer Auffassung der grundlegenden Ansprüche näher bestimmt werden können« (ebd., S. 11). Diese für sie »zentralen menschlichen Fähigkeiten« umfassen unter anderem »Sinne, Vorstellungskraft und Denken« sowie »Gefühle« und »Zugehörigkeit«. Unter Zugehörigkeit fasst Nussbaum, die

> »Fähigkeit mit anderen und für andere zu leben, andere Menschen anzuerkennen und Interesse an ihnen zu zeigen, sich auf verschiedene Formen der sozialen Interaktion einzulassen; sich in die Lage eines anderen hineinzuversetzen« (ebd., S. 113).

An das Zitat schließt sich in Klammern gesetzt direkt an: »Der Schutz dieser Fähigkeit erfordert den Schutz jener Institutionen, die diese Form der Zugehörigkeit konstituieren und fördern, sowie der Versammlungs- und Redefreiheit« (ebd.). Damit bindet sie die Voraussetzungen für perspektivische Fähigkeiten, Einfühlung und Anerkennung dezidiert an demokratisch verfasste Gesellschaften sowie die unbedingte Anerkennung von Menschenwürde und Menschenrechten als nicht verhandelbare Normen. Heike Flindt (2023) führt im Anschluss an die Ideen von Nussbaum zu Vorstellungskraft und die Einsicht in die eigene Verletzlichkeit aus, welches Potenzial der Förderung von perspektivischem Denken durch (politische) Bildung für demokratische Gesellschaften innewohnt. Denn

> »[n]ur wenn Menschen die eigene Verfasstheit und ihre Abhängigkeit von inneren und äußeren Umständen begreifen, sind sie auch in der Lage dazu, Mitgefühl für andere Menschen zu empfinden« (ebd., S. 61).

Indem perspektivisches Denken als Bildungsaufgabe verstanden wird, können auch die »kritischen Eigenschaften der Unbeständigkeit und Parteilichkeit des Mitgefühls«, die Nussbaum herausgearbeitet hat, bearbeitet werden (ebd.). Dieser Zugang lässt sich auch in das Studium der Sozialen Arbeit integrieren.

Die Förderung von Einfühlungsvermögen sollte laut Wagaman et al. (2015) während der gesamten Laufbahn von Sozialarbeiter*innen in die Aus- und Weiterbildung einbezogen werden. Desgleichen deuten die Ergebnisse einiger Studien darauf hin, dass Empathie Burn-out verhindern oder verringern und gleichzeitig die Arbeitszufriedenheit erhöhen können.

Im Folgenden finden Sie einige Anleitungen, mit denen Sie Perspektivwechsel und Empathie üben können. Es handelt sich bei Empathie nicht um ein Persönlichkeitsmerkmal, sondern um eine Fähigkeit, die Menschen (ein-)üben können.

Übung

Versetzen Sie sich in die Lage einer Person, die mit einer schwierigen Situation konfrontiert ist. Nutzen Sie dazu Beispiele aus ihrem persönlichen oder beruflichen Umfeld. Stellen Sie sich vor, welche Gedanken und Gefühle diese Person erlebt. Notieren Sie Ihre Ideen dazu und versuchen Sie, verschiedene Blickwinkel einzunehmen. Sie können auch darüber nachdenken, wie andere Personen im Umfeld die Situation wahrnehmen und darauf reagieren.

Nehmen Sie sich Zeit, um Ihre eigenen Reaktionen auf die Übung zu reflektieren. Was haben Sie über sich selbst gelernt? Gab es Überraschungen oder Erkenntnisse während des Prozesses?

Beispiel: Sarah und ihre Herausforderungen als alleinerziehende Mutter

Sarah ist eine 28-jährige alleinerziehende Mutter von zwei Kindern im Alter von fünf und sieben Jahren. Sie lebt in einer kleinen Wohnung und arbeitet in einem Teilzeitjob als Kellnerin, um ihre Familie zu unterstützen und den Lebensunterhalt der Familie zu sichern. Seit der Trennung von ihrem Partner vor einem Jahr hat Sarah mit verschiedenen Herausforderungen zu kämpfen. Obwohl sie hart arbeitet, verdient sie nicht genug, um alle Rechnungen zu bezahlen. Sie macht sich ständig Sorgen über Geld und hat Schwierigkeiten, die Bedürfnisse ihrer Kinder zu erfüllen. Die junge Mutter fühlt sich oft überfordert und isoliert. Sie hat das Gefühl, dass niemand ihre Situation wirklich versteht oder ihr helfen kann. Sie hat auch Angst davor, um Hilfe zu bitten, aus Sorge, dass sie als unfähig angesehen wird. Obwohl sie versucht, für ihre Kinder stark zu sein, fühlt sie sich oft niedergeschlagen und hoffnungslos angesichts der vielen Hindernisse, die sie überwinden muss.

Übung

1. Versetzen Sie sich in die Lage von Sarah im obigen Fallbeispiel.
2. Wie könnte eine empathische Reaktion von Ihnen als Sozialarbeiter*in in diesem Fallbeispiel aussehen?

10 Zusammenfassende Überlegungen: Zum Umgang mit Emotionen als professionelle Aufgabe

> **Was Sie in diesem Kapitel lernen können**
>
> Wie wir in den vorangegangenen Kapiteln eingehend herausgearbeitet haben, sind Emotionen in unserem beruflichen und persönlichen Alltag von großer Bedeutung. Sie beeinflussen nicht nur die eigenen Entscheidungsprozesse und das Wohlbefinden, sondern prägen auch maßgeblich zwischenmenschliche Beziehungen. Wir haben viele Beispiele kennengelernt, die zeigen, dass uns Emotionen vor beträchtliche Herausforderungen stellen können, sei es im Umgang mit stressigen Situationen im Beruf, bei der Suche nach Vertrauen in turbulenten Zeiten oder bei der Bewältigung von Konflikten. Seinen Ärger zu kontrollieren kann sowohl privat als auch beruflich wichtig dafür sein, dass ein Streit nicht unnötig eskaliert. Dies gilt sowohl für diejenigen, die Angebote der Sozialen Arbeit in Anspruch nehmen, als auch für die Fachkräfte selbst.
>
> Im Folgenden werden wir einige Ansätze vorstellen, die bei der Bewältigung emotional herausfordernder Situationen hilfreich sein können. Intuitiv wird meist davon ausgegangen, dass die Emotionsregulation auf der Ebene des Individuums stattzufinden hat und es darum geht, persönlich einen guten Umgang mit Emotionen zu finden. Weniger offensichtlich ist die Bedeutung, die der organisationale Rahmen hat, also das Klima und die Werte, die innerhalb einer Organisation vorgegeben sind und gelebt werden. Diese Ebenen stellen wir im Folgenden vor und präsentieren Ansätze dazu, wie diese zur Gestaltung emotionaler Prozesse beitragen.

10.1 Emotionsregulation

Das Verständnis und die Beherrschung der Emotionsregulation erweisen sich als Schlüsselqualifikation für ein erfülltes Leben. Jetzt, da wir uns dem Abschluss dieses Buches nähern, wollen wir einen vertieften Blick auf die praktische Anwendung der erworbenen Kenntnisse werfen. Welche bewährten Strategien können wir empfehlen, um emotionale Herausforderungen zu meistern und ein harmonisches Gleichgewicht zwischen den inneren Gefühlswelten und den äußeren Anforderungen zu finden?

10 Zusammenfassende Überlegungen

Die eigenen Emotionen zu regulieren bedeutet nicht, diese einfach zu unterdrücken. Manchmal ist es sogar besser, Emotionen deutlich wahrzunehmen, zuzulassen und zu kommunizieren. Denn sie geben uns wertvolle Hinweise im Alltag. James J. Gross (1998), ein renommierter Emotionsforscher, hat mit seinem Modell der Emotionsregulation einen wegweisenden Beitrag für das Verständnis von Emotionen geleistet. Er argumentiert, dass es nicht darum geht, Gefühle zu kontrollieren, im Zaum zu halten oder zu unterdrücken, sondern vielmehr darum, sie frühzeitig zu erkennen und angemessen darauf zu reagieren. Nach seiner Definition besteht die Kompetenz der Emotionsregulation darin, »diejenigen Prozesse zu beeinflussen, die es uns ermöglichen, Einfluss darauf auszuüben, welche Emotionen wir haben, wann wir diese haben und wie wir diese erleben und zum Ausdruck bringen« (ebd., S. 271; Übers. d. A.).

Entscheidend für einen angemessenen Umgang mit Emotionen ist die Erkenntnis, dass wir unseren Gefühlen nicht hilflos ausgeliefert sind. Vielmehr haben wir die Möglichkeit, Einfluss auf sie zu nehmen, besonders in der Phase, in der sie sich entwickeln. Indem wir uns dessen bewusst werden, wie Emotionen entstehen, können wir gezielt Strategien einsetzen, um ihre Intensität und Auswirkungen zu steuern. Emotionsregulation bedeutet somit nicht, Gefühle zu unterdrücken, sondern sie aktiv zu gestalten und in Einklang mit den eigenen Zielen und Werten zu bringen. In den folgenden Abschnitten befassen wir uns genauer mit den Phasen und Mechanismen der Emotionsregulation nach Gross und zeigen Möglichkeiten auf, wie wir einen konstruktiven Umgang mit unseren Emotionen entwickeln können.

10.1.1 Individuelle Strategien

Das Modell von Gross (1998) ist insbesondere deshalb bekannt, weil es innerhalb der Psychologie eines der ersten ist, das darauf verweist, dass wir Emotionen nicht nur regulieren können, wenn sie vollumfänglich aufgeblüht sind. Stattdessen können wir sie bereits in ihrer Anbahnung beeinflussen. Konkret werden im Prozessmodell fünf Schritte genannt, die jeweils eine andere Strategie der Emotionsregulation darstellen. Ein Beispiel, das häufig verwendet wird, um die Schritte zu illustrieren, ist ein bevorstehender Besuch beim Zahnarzt, der Angst auslöst. Wir haben die Möglichkeit der *Situationsauswahl:* Wir können den Besuch vermeiden, um der Angst aus dem Weg zu gehen. Kurzfristig mag dies eine erfolgreiche Strategie sein, längerfristig wird sich das Problem dadurch aber nicht lösen. So könnte man als zweite Strategie die *Situation modifizieren*, das heißt so gestalten, dass die erwartete Angst weniger groß wird. Man könnte sich von einer Person begleiten lassen, die einen beim Arztbesuch stärkt und Kraft gibt. Eine dritte Option ist, die *Aufmerksamkeit* in der Situation auf Aspekte zu lenken, die einem guttun. So könnte man zusätzlich die eigene Lieblingsmusik mitnehmen und während der Behandlung anhören. Darüber hinaus besteht die Möglichkeit, die Situation *neu zu bewerten* (▶ Kapitel 1.2.2). Wir können verstärkt darüber nachdenken, dass die Behandlung positive Folgen haben wird und wir uns danach besser fühlen. In der Regel funktionieren diese Strategien gut und führen dazu, dass die Angst nicht in vollem Umfang entsteht.

Sollten dennoch alle diese Regulationsversuche misslingen, sodass sich eine starke Angst ausbreitet, besteht immer noch die Möglichkeit der Emotionsregulation im klassischen Sinn, was in diesem Beispiel bedeutet, dass wir die Angst in den Griff bekommen müssen. Wir können versuchen, sie nicht zu zeigen, zu *unterdrücken*, Tränen zurückzuhalten oder Ähnliches. Studien zeigen allerdings, dass die Regulation der ausgewachsenen Emotion aufwendiger ist als die Regulation der Emotion in ihrem Entstehungsprozess. Die Experimente, die Gross und Kolleg*innen dazu durchgeführt haben (z. B. Gross, 1998), zeigen außerdem, dass die frühe Regulation positive Auswirkungen auf den Körper hat. In den Studien wurde beobachtet, dass die Anwendung von Strategien der Emotionsregulation Veränderungen in physiologischen Stressreaktionen bewirken kann. Zum Beispiel können das gezielte Umlenken der Aufmerksamkeit oder die Neubewertung von Situationen dazu führen, dass der Körper weniger stark auf stressige Reize reagiert. Dies kann sich in einer Verringerung von Stresshormonen wie Cortisol oder einer geringeren Aktivität des sympathischen Nervensystems zeigen (weniger Herzklopfen und Schwitzen). Langfristig erscheinen diese Strategien gesünder, da der Körper die mit der Emotion zusammenhängenden Reaktionen nicht unterdrücken oder regulieren muss, da diese vegetativen Prozesse durch die vorgeschobene Regulation erst gar nicht aktiviert werden. Auch der Zusammenhang zwischen einer unangemessenen Emotionsregulation und psychologischen Anpassungsvariablen (d. h. psychischen Faktoren, die das seelische Wohlbefinden und die soziale Funktionsfähigkeit beeinflussen), insbesondere zu sozialen Ängsten und Depressivität, wurde in vielen Studien bestätigt (Schäfer et al., 2017; Papadakis et al., 2006). In anderen Worten: Je besser Emotionsregulation gelingt, desto geringer ist die Gefahr psychischer Erkrankungen.

Die Forschung erkennt jedoch inzwischen an, dass keine Strategie der Emotionsregulation für sich genommen »die beste« ist (Kobylińska & Kusev, 2019). Stattdessen geht man davon aus, dass die Wirksamkeit der Strategien je nach dem Kontext, in dem sie angewendet werden, variiert (Thiruchselvam et al., 2011). So wurde beispielsweise vorgeschlagen, dass Ablenkung im Kontext intensiver negativer Emotionen wirksamer sein könnte als die Neubewertung der Situation. Eine kognitive Neubewertung erscheint dann sinnvoll, wenn sich die Situation tatsächlich beeinflussen und aus unterschiedlichen Perspektiven betrachten lässt. In Situationen, in denen das nicht der Fall ist, kann Ablenkung zumindest kurzfristig eine geeignete Strategie darstellen. Ablenkung scheint eine hohe Wirksamkeit zu haben, indem sich anbahnende emotionale Reaktionen schnell abgeschwächt werden. Allerdings legen einige Studien den Verdacht nahe, dass Ablenkung langfristig den Preis hat, dass bei erneuter Exposition, das heißt dem Wiedereintreten der gleichen Situation, stärkere emotionale Reaktionen als zuvor hervorgerufen werden (Sheppes et al., 2011). Sich abzulenken scheint bei *wiederkehrenden Stressoren* also keine gute Strategie zu sein. Insgesamt wird durch das detaillierte Modell von Gross ein Fächer an Möglichkeiten sichtbar gemacht, die Menschen zur Verfügung stehen, um Einfluss auf ihre Gefühlslage zu nehmen. Auch wenn sich die einzelnen Strategien in der Praxis nicht trennscharf voneinander abgrenzen lassen, eröffnet das

Modell somit eine differenzierte Perspektive auf den Umgang mit Emotionen und bietet vielfältige Ansätze, um deren Regulation aktiv zu gestalten. Es zeigt auf, wie verschiedene Strategien je nach Situation gezielt eingesetzt werden können, um das emotionale Erleben zu steuern und psychisches Wohlbefinden zu fördern.

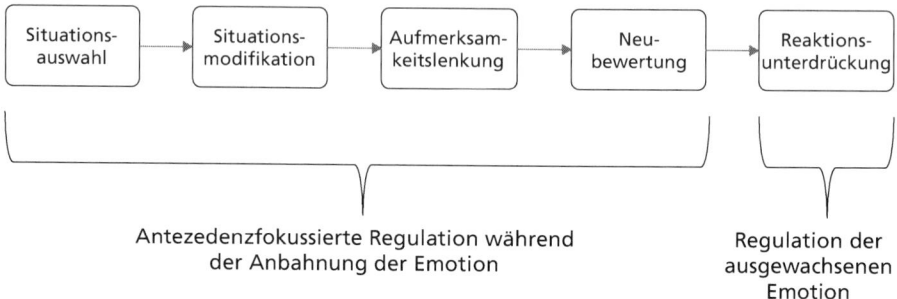

Abb. 1: Das Modell der Emotionsregulation nach James Gross (1998), eigene Darstellung

10.1.2 Soziale Strategien

Angenommen, man erhält eine traurige Nachricht. Was würde man tun? Viele Menschen suchen in solchen Momenten Trost bei einem vertrauten Menschen, etwa durch eine Umarmung. Oder sie teilen ihre Freude über eine gute Nachricht mit Freunden, um die positiven Gefühle zu verstärken. Diese Beispiele verdeutlichen, dass Emotionen nicht nur individuell reguliert werden, sondern auch stark durch soziale Beziehungen beeinflusst werden können. Neben den oben genannten, sehr individuellen Regulationsstrategien gibt es weitere Möglichkeiten, für eine emotionale Balance zu sorgen, die einer angemessenen Emotionsregulation dienen. Obwohl soziale Beziehungen wahrscheinlich einen zentralen Einfluss auf unsere Emotionen haben, sind die zwischenmenschlichen Aspekte der Emotionsregulation bei Erwachsenen in der psychologischen Literatur bislang nur begrenzt erforscht worden. Die Emotionen einer Person können die Emotionen einer anderen Person beeinflussen, weshalb es naheliegend ist, dass andere Menschen als Mittel zur Emotionsregulierung fungieren. Aus dieser Perspektive ist die Emotionsregulierung also nicht nur im Individuum selbst verankert, sondern auch in den sozialen Interaktionen, die im Alltag stattfinden.

Eine bedeutende Perspektive hinsichtlich der sozialen Aspekte der Emotionsregulation liefert die *Entwicklungspsychologie*, indem sie die Sozialisierung von Emotionen bei Kindern untersucht. Entwicklungspsycholog*innen gehen heute davon aus, dass junge Kinder sich noch kaum selbst emotional regulieren können, sondern dringend auf die Unterstützung von Bezugspersonen angewiesen sind und auf diese Weise den Umgang mit Emotionen lernen. Dieses Phänomen wird als *interpsychische* Emotionsregulation bezeichnet, da es sich um einen Prozess handelt, der zwischen dem Kind und seiner sozialen Umgebung stattfindet. In der Forschung wird heute allgemein anerkannt, dass junge Kinder in den frühen Entwicklungsstadien nur begrenzte Fähigkeiten zur Selbstregulation ihrer Emotionen besitzen. Dies führt zu der Erkenntnis, dass sie stark auf Unterstützung angewiesen sind, um emotionale Herausforderungen zu bewältigen. Kleinkinder verfügen zumeist noch nicht über die sprachlichen Fähigkeiten, ihre Emotionen angemessen auszudrücken. In diesem Kontext spielt die nonverbale affektive Kommunikation eine entscheidende Rolle. Bezugspersonen können durch Mimik, Gestik und Tonfall die emotionalen Signale des Kindes interpretieren und angemessen darauf reagieren. Der emotionale Austausch zwischen Bezugsperson und Kind schafft eine sichere emotionale Bindung. Diese Bindung dient als Basis für das Vertrauen des Kindes in die Fähigkeit der Bezugsperson, es bei emotionalen Herausforderungen zu unterstützen. Durch diese Unterstützung lernen Kinder, ihre eigenen Emotionen zu verstehen und zu regulieren. Im Laufe der Zeit ermöglicht die interpsychische Emotionsregulation dem Kind, schrittweise *Selbstregulationsfähigkeiten (intrapsychische Regulation)* zu entwickeln. Durch wiederholte positive Erfahrungen mit der Unterstützung durch die Bezugspersonen lernt das Kind, angemessen auf Emotionen zu reagieren und diese selbst zu regulieren. Studien betonen, dass soziale, interpsychische Regulierung nicht nur den aktuellen emotionalen Zustand des Kindes verbessert, sondern auch seine Fähigkeit zur Selbstregulierung in der Zukunft fördert (Kopp, 1989). Wichtig ist hierbei die *soziale Bezugnahme*, der Einsatz von Mimik und Gestik der Bezugspersonen. Da Kleinkinder schwierige und komplexe Situationen noch nicht selbst einschätzen und bewerten können, ordnen sie Situationen danach ein, wie erwachsene Personen sich verhalten. Kinder versuchen somit die emotionale Bedeutung der Situation aus dem Gesichtsausdruck und der Körpersprache der Erwachsenen abzulesen. So verdeutlicht ein ängstliches Gesicht die Gefährlichkeit einer Situation und führt dazu, dass Kinder sich eher aus dieser zurückziehen (Gibson & Walk, 1960). Im Laufe des Entwicklungsprozesses gelingt es dem Kind zunehmend, diese Einschätzung selbst vorzunehmen.

Natürlich wird auch die Emotionsregulation Erwachsener durch soziale Prozesse beeinflusst (Kappas, 2011). Wie wir in den vorherigen Kapiteln gesehen haben, zeigen und erleben Menschen Emotionen oft innerhalb sozialer Beziehungen (Fischer & Manstead, 2016). Soziale Emotionen wie Dankbarkeit, Scham, Schuld oder Empathie haben ihre Grundlage in einem zwischenmenschlichen Kontext und können ohne diesen nicht vollständig verstanden werden. So erfüllt der Ausdruck von Emotionen in sozialen Beziehungen oft einen wichtigen Zweck: Das Zeigen von Ärger unterstützt beispielsweise die Durchsetzung der eigenen Position gegenüber anderen, während der Ausdruck von Traurigkeit dazu dienen kann, mitfühlende Unterstützung von anderen zu erhalten (Tamir & Ford, 2012). Prozesse, die Emotionen innerhalb eines sozialen Kontextes beeinflussen, werden *interpersonelle Emotionsregulation* genannt (Hofmann et al., 2020; Niven et al., 2009), der Begriff der interpsychischen Regulation (s. o.) beschreibt insbesondere die Regulation zwischen Kind und Bezugsperson. Dabei können sowohl die Intensität, mit der eine Emotion auftritt, als auch deren Dauer und Qualität durch soziale Interaktionen moduliert werden (Hofmann et al., 2020). Beispiele für interpersonelle Regulation sind das Teilen von Gefühlen unter Kolleg*innen oder die aktive Suche nach Trost und emotionaler Unterstützung bei Fachkräften der Sozialen Arbeit. Aus der Stressforschung ist seit Langem bekannt, dass *soziale Unterstützung* als einer der wichtigsten Faktoren für die erfolgreiche Bewältigung herausfordernder Situationen gilt. Dass dies nicht nur subjektiv empfundene Erleichterungen sind, konnte die Forschung in vielen Studien zeigen. Emotionale Unterstützung kann auf hervorragende Weise helfen, die negativen Effekte von Stress und negativen Emotionen abzuschwächen. Menschen, die sich von ihrem sozialen Netzwerk unterstützt fühlen, wählen beispielsweise bessere Strategien zur Bewältigung von Stress im Rahmen körperlicher Erkrankungen (DeLongis & Holtzman, 2005) und schaffen es dadurch, belastende Gedanken zu mindern und besser mit der Erkrankung umzugehen. Irmhild Poulsen (2009) befragte Fachkräfte im Berufsfeld der Sozialen Arbeit dazu, welche Strategien sie wählen, um einem Burn-out vorzubeugen. Häufig genannt wurden der Austausch mit Menschen aus anderen Fachgebieten oder dem Freundeskreis, die gemeinsame Reflexion herausfordernder Situationen sowie die kollegiale Beratung. Das Teilen von Emotionen hat gleichzeitig eine hohe Bindewirkung. Einige Studien deuten darauf hin, dass in unterschiedlichen sozialen Beziehungen (z. B. Partnerschaften und Freundschaften) das offene Mitteilen von Emotionen mit mehr Nähe, größerer Beliebtheit und sozialer Eingebundenheit einhergeht (Hofmann et al., 2020). Umgekehrt scheint ein Mangel an Eingebundenheit sehr negative Konsequenzen zu haben. Einige Studienergebnisse deuten an, dass der Mangel an familiärer Unterstützung, Isolation und emotionale Vernachlässigung das Risiko für Suizidalität im Jugendalter erhöhen können (King & Merchant, 2008).

Allerdings wirkt sich nicht nur das Fehlen sozialer Netzwerke negativ auf die Emotionsregulation aus: Auch ein Übermaß und die exzessive Nutzung interpersonaler Regulationsstrategien können dysfunktional sein. Ein Beispiel ist die ständige Rückversicherung bei anderen Personen, die ständige Kontaktaufnahme und Einforderung von Bestätigung, die sich negativ auf soziale Beziehungen auswirkt. Auch ein anklagendes Dauerverhalten kann zu Ablehnung und Frustration führen und somit negative Emotionen weiter verstärken. Personen, die sich ständig beklagen, schimpfen und sich feindselig gegenüber ihrer Umwelt verhalten, erhalten oft nicht die Unterstützung, die sie sich eigentlich wünschen (Hofmann et al., 2020).

10.2 Praktische Implikationen intra- und interpersoneller Emotionsregulation

Ein Teil der Psychohygiene im Berufsfeld der Sozialen Arbeit besteht darin, die eigenen Emotionen angemessen regulieren zu können. Das oben vorgestellte Prozessmodell von Gross bietet einige Ansätze dazu. Konkret können Sozialarbeiter*innen sich darin üben, bewusst auf emotionale Situationen zu reagieren, indem sie diese frühzeitig erkennen und – sofern möglich – aktiv beeinflussen. So kann beispielsweise in einem herausfordernden Gespräch mit einer Klientin entschieden werden, die eigene Perspektive anzupassen oder gezielt eine kurze Pause einzulegen, um impulsive Reaktionen zu vermeiden.

Selbstreflexion ist ein wichtiger Aspekt der Emotionsregulation. Es ist wichtig, eigene Stressquellen identifizieren zu können (Kaluza, 2014), um frühzeitig geeignete Maßnahmen zur Emotionsregulation zu ergreifen und Situationen entsprechend modifizieren zu können. Es ist hierbei hilfreich, die eigenen Denkmuster und inneren Ansprüche (»Ich muss alles richtig machen«) zu kennen, um sie umgehen zu können. So sieht das Modell beispielsweise die Verlagerung der Aufmerksamkeit als wichtigen Schritt in der Emotionsregulation vor. Fachkräfte könnten lernen, ihre Aufmerksamkeit gezielt auf bestimmte Aspekte einer Situation zu lenken. In der Praxis kann dies bedeuten, dass eine Sozialarbeiterin, die mit trauernden Vätern arbeitet, bewusst positive Aspekte oder Ressourcen hervorhebt, um die eigene emotionale Belastung zu mindern.

Natürlich tragen auch Entspannungstechniken wie der Bodyscan und Achtsamkeitsübungen dazu bei, die Gedanken umzulenken und den Körper zu beruhigen. Diese Übungen können helfen, im Moment zu bleiben und die eigene emotionale Balance zu finden. Dabei ist es wichtig, dem eigenen Körper mehr Beachtung zu schenken, da er eine zentrale Rolle im Umgang mit Emotionen spielt. Verschiedene Varianten auszuprobieren und die für einen selbst richtige und passende Strategie zu finden, ist entscheidend. Aus der Forschung lässt sich nicht ableiten, dass eine Entspannungstechnik einer anderen in ihrer Wirksamkeit überlegen ist. Man kann individuell ausprobieren, ob eher Aktivität (z. B. Yoga, Joggen, Fußball) oder Ruhe (z. B. autogenes Training) emotionale Entspannung bringt. Wichtig ist, sich diese Auszeiten zu nehmen. Es zeigt sich, dass es grundsätzlich hilfreich ist, auf seinen Atem zu achten. Insbesondere in akuten emotional anspruchsvollen Situationen kann es wertvoll sein, mehrmals tief durchzuatmen, bevor eine Entscheidung getroffen wird oder Worte fallen, die man später bereut. Es ist selten schädlich, sich diese Zeit zu nehmen. Durch bewusstes Atmen und kurzes Innehalten können Eskalationsprozesse wie Ärger- oder Stressspiralen unterbrochen werden, wodurch die Möglichkeit entsteht, auf eine konstruktive Art und Weise mit den eigenen Emotionen und denen der Klient*innen umzugehen.

Ein weiterer bekannter Ansatz, einen guten Umgang mit den eigenen Emotionen zu finden, ist das *Schreiben*, insbesondere das expressive Schreiben, das dazu ermutigen soll, Gefühle und Gedanken ohne Selbstzensur oder Bewertung niederzuschreiben. Es geht darum, den inneren Monolog frei fließen zu lassen und sich auf die Authentizität der eigenen Emotionen zu konzentrieren. Es gibt dabei keine festen Regeln für Grammatik, Rechtschreibung oder Struktur. Vielmehr steht der Prozess des Ausdrucks im Vordergrund. Einige Forscher*innen empfehlen, für einen bestimmten Zeitraum kontinuierlich zu schreiben, ohne den Stift abzusetzen, um den Fluss der Gedanken aufrechtzuerhalten. Die Grundidee hinter dem expressiven Schreiben ist, dass das freie Entfalten von Emotionen auf dem Papier dazu beiträgt, innere Konflikte zu erkennen, emotionale Belastungen zu verarbeiten und persönliche Einsichten zu gewinnen. Diese Methode ermöglicht es, die Emotionen zu externalisieren und in einem sicheren Raum zu reflektieren. Es ist wichtig zu betonen, dass es kein Richtig oder Falsch gibt, die individuelle Erfahrung steht hier im Mittelpunkt. So kann das expressive Schreiben ein kraftvolles Werkzeug für die Förderung der emotionalen Gesundheit sein.

Diese Praxis, intensiv erforscht von renommierten Wissenschaftlern wie James W. Pennebaker (1997), zeigt auf, dass das festgehaltene Wort eine kraftvolle Rolle bei der Emotionsregulation spielen kann. Pennebakers Studien unterstreichen nicht nur die positiven Auswirkungen auf das emotionale Wohlbefinden, sondern weisen auch darauf hin, dass expressive Schreibübungen tiefergreifende Effekte auf die psychische Gesundheit haben können. In der Praxis kann die Methode des expressiven Schreibens, auch integriert in therapeutische Ansätze oder Selbsthilfeaktivitäten, eine wirkungsvolle Möglichkeit sein, den Emotionsausdruck zu fördern und langfristig das emotionale Wohlbefinden zu stärken.

Expressives Schreiben kann auf verschiedene Arten praktiziert werden. Ein häufig empfohlener Ansatz ist das Führen eines Emotionstagebuchs, in dem man frei über erlebte Emotionen, Herausforderungen oder positive Ereignisse schreibt. Es kann jedoch auch in Form von Briefen an sich selbst oder an andere Personen erfolgen, in Form von Nachrichten an andere, die Sie schreiben, aber nie versenden, oder sogar als kreatives Schreiben von Geschichten oder Gedichten. Der Schlüssel liegt darin, eine Methode oder Strategie zu finden, die am besten zu den individuellen Bedürfnissen und Präferenzen passt. Nicht zuletzt ist es sicherlich sinnvoll, sich für besondere Herausforderungen auch professionelle Unterstützung zu suchen, im Sinne von Supervision oder Coaching. Darüber werden Sie im nächsten Abschnitt mehr erfahren.

> **Anleitung zum Schreiben eines Emotionstagebuchs**
>
> 1. Zeit und Ort wählen: Finde einen ruhigen, ungestörten Ort, um regelmäßig deine Emotionen zu reflektieren.
> 2. Emotionen erkunden: Nimm dir Zeit, um deine aktuellen Emotionen wahrzunehmen, zu erkunden und ohne Urteil anzuerkennen.
> 3. Schreiben ohne Hemmungen: Schreibe frei über deine Gefühle, ohne dich um Grammatik oder Rechtschreibung zu kümmern.
> 4. Ausdrücken und reflektieren: Beschreibe ausführlich deine Emotionen und überlege, welche Auslöser und Gedanken mit den Emotionen verbunden sind.
> 5. Ziele setzen: Basierend auf deinen Reflexionen, setze dir Ziele für deine emotionale Entwicklung.
> 6. Fortsetzen und anpassen: Setze dein Emotionstagebuch fort und passe deine Techniken entsprechend an.
>
> Ein Emotionstagebuch bietet einen wirkungsvollen Weg, deine Emotionen zu verstehen und zu verarbeiten. Sei geduldig mit dir selbst und erlaube dir, deine Gefühle auf deine eigene Weise zu erforschen und in deiner eigenen Sprache auszudrücken.
>
> Kreative Variante: *Wortcollagen* eigenen sich gut für Jugendliche oder für Gruppenarbeit. Hier können Teilnehmende gemeinsam Textcollagen erstellen, Wörter und Begriffe aus Zeitschriften oder anderen Materialsammlungen ausschneiden, Schnipsel tauschen, aufkleben und gemeinsam über das Erarbeitete nachdenken.

Quelle: Gräßer, M., Martinschledde, D. & Hovermann, E. (2020): *Therapie-Tools: Therapeutisches Schreiben*. Weinheim: Beltz (S. 99f.).

10.3 Die Bedeutung organisationaler Strukturen für die Emotionsregulation von Fachkräften

Abschließend betrachten wir die organisationalen Rahmenbedingungen und damit die Arbeitsbedingungen und das Arbeitsumfeld. Da die konkrete Ausgestaltung der Praxis Sozialer Arbeit – wie schon mehrfach betont – stark durch ihre strukturellen und organisatorischen Bedingungen geprägt wird, gilt es diese Ebene auch in Bezug auf die Bewältigung der emotionalen Aspekte der professionellen Arbeit zu betrachten.

Unstrittig ist die Bedeutung von Supervision für die Bewältigung von Herausforderungen, die sich im praktischen Handeln Sozialer Arbeit ergeben. Supervision als Beratungskonzept »für Personen und Organisationen, deren eigene primäre Aufgabe die Arbeit mit und am Menschen ist und die deshalb immer wieder ihre professionelle Position in der Spannung zwischen Nähe und Distanz zu ihren Klient*innen neu finden müssen« (DGSv, o.J.), soll der Qualitätssicherung und Professionalisierung beruflicher Arbeit dienen. Als »regelgeleitetes Verfahren der Reflexion laufender Arbeitsprozesse« zielt Supervision auf den »Entwurf von Handlungsalternativen«, auf »den Schutz und die Förderung« der Adressat*innen sowie auf den »Erhalt und die Entwicklung der beruflichen Wirkungsmöglichkeiten« der Fachkräfte (Krauß, 2012, S. 719).

Supervision kann in unterschiedlichen Formaten und zu unterschiedlichen Themenstellungen durchgeführt werden, zum Beispiel in Form von Einzel-, Team- oder Leitungssupervision, zu konkreten »Fällen«, zu Fragen der Zusammenarbeit im Team, aber auch zu Fragen von Work-Life-Balance oder Ähnlichem (Schröder, 2019). Zentral ist in all diesen Formen jedoch, dass es für die Teilnehmenden möglich ist, ihre Emotionen bzw. Aspekte von Emotionsarbeit (▶ Kap. 3.3), in einem geschützten Rahmen anzusprechen. Dieser Rahmen ist nicht voraussetzungslos vorhanden und erfordert neben den Kompetenzen der Supervisor*innen auch entsprechende Ressourcen, die durch die Organisation (den Träger) zur Verfügung gestellt werden müssen. So müssen Zeiten geplant, Räume organisiert und Supervisor*innen gesucht und bezahlt werden. Zudem ist durch Führung oder Leitung zu vermitteln, dass Supervision essenzieller Teil der Qualitätssicherung der professionellen Dienstleistungsarbeit darstellt.

Richard Ingram (2015, S. 96) hat verschiedene Bedingungen formuliert, die dazu beitragen, dass Emotionen im geschützten Rahmen von Supervision durch Fachkräfte gut angesprochen werden können. Demnach braucht es die Gelegenheit, bewusste und unbewusste »emotionale Marker« zu ergründen, die in der Praxis wirksam werden; zudem muss es möglich sein, das »Selbst«, die eigene Persönlichkeit (»Person als Werkzeug«) in Bezug auf praktische Erfahrungen und zukünftige Alternativen zu betrachten und kritisches Nachdenken über die eigene Praxis – auch angesichts von Unsicherheiten – zu entwickeln. Demgegenüber benennt er auch Bedingungen, unter denen Emotionen in der Supervision eher nicht thematisiert werden können – nämlich dann, wenn das Benennen von Unsicherheit und der Komplexität von Situationen durch das Team oder von der Leitung als Zeichen von Inkompetenz angesehen werden, emotionale Reaktionen als Stressproblem bewertet sowie vorrangig prozedurale Elemente betrachtet und Reflexionsräume vernachlässigt werden (ebd., S. 97). Neben Supervision betont Ingram unter anderem auf Basis einer eigenen Untersuchung die Bedeutung von (informeller) Unterstützung und Anleitung innerhalb von Teams bzw. zwischen den Kolleg*innen. Diese zeichnen sich dadurch aus, dass sie schnell und einfach zugänglich sind (man muss nicht warten bis zum Supervisionstermin), auf geteilten Erfahrungshintergründen basieren und erst einmal auch ohne Beteiligung der Leitung »unrecorded« (ebd., S. 102) stattfinden. Informelle Unterstützungs- und Austauschmöglichkeiten können auch genutzt werden, um (formalisierte) Supervision vorzubereiten. Dies kann zu einer positiven Teamkultur beitragen, indem es das Zugehörigkeitsgefühl (»sense of belonging«) stärkt, was sich zum Beispiel in gegenseitiger Rücksichtnahme oder auch im Füreinander-da-Sein (»looking out for each other«) äußert (ebd.). Im besten Fall ergänzen sich allerdings informelle Supportsysteme und formalisierte Supportsysteme (Supervision, kollegiale Beratung), um organisationale Lernprozesse zu ermöglichen (vgl. auch Wagenaar, 2024).

In jüngster Zeit, auch mitausgelöst durch die Problematik des (zunehmenden) Fachkräftemangels in Gesundheits- und Sozialberufen, haben sich verschiedene Autor*innen mit Arbeitsbedingungen von Fachkräften der sozialen Arbeit auseinandergesetzt und sich zum Beispiel mit Belastungsempfinden und Burn-out-Gefährdung sowie mit der Arbeitszufriedenheit von Fachkräften beschäftigt (u.a. Alsago & Meyer, 2024; Kahl & Bauknecht, 2023; Hollederer, 2023; Henn et al., 2017).

So untersuchten Kahl & Bauknecht (2023) beispielsweise die psychische und emotionale Erschöpfung von Fachkräften Sozialer Arbeit und betrachten hierbei Belastungs- und Resilienzfaktoren. Sie unterscheiden hinsichtlich psychischer Belastung qualitative und quantitative Faktoren. Erstere betreffen die fachlich-inhaltliche Ebene der Tätigkeit (dazu zählen »[g]efühlsmäßig belastende Situationen«); Letztere beziehen sich auf die Belastungen durch die Arbeitsintensität (z. B. starker Termin- oder Leistungsdruck) (ebd., S. 223). Zu den Resilienzfaktoren, die der psychischen und emotionalen Erschöpfung entgegenwirken können, zählen sie die soziale Unterstützung durch das Kollegium (z. B. die als gut empfundene Zusammenarbeit mit Kolleg*innen), die soziale Unterstützung durch Vorgesetzte (u. a. Lob und Anerkennung), die »Distanzierungsfähigkeit« (Abschalten nach der Arbeit) und die subjektiv empfundene Wichtigkeit der eigenen Tätigkeit (ebd., S. 225). Auf Basis ihrer Ergebnisse schlussfolgern sie unter anderem, dass die soziale Unterstützung von Kolleg*innen sowie Vorgesetzten der psychischen und emotionalen Erschöpfung von Sozialarbeiter*innen entgegenwirken kann. Dieser Befund steht im Einklang mit Erkenntnissen der Psychologie, die zu Beginn des Kapitels erörtert wurden und die besondere Bedeutung sozialer Unterstützung hervorheben. In Bezug auf Tendenzen zur qualitativen Überforderung von Sozialarbeiter*innen betonen die beiden Autor*innen, wie wichtig hier die Möglichkeiten professioneller Selbstfürsorge sind: »In Organisationen Sozialer Arbeit gilt es, Möglichkeiten der Auseinandersetzung mit emotionalen Aspekten des Arbeitslebens strukturell zu verankern« (Kahl & Bauknecht, 2023, S. 228). Dazu zählen sie nicht nur Teamsupervisionen und Besprechungen, sondern auch Zugang zu Beratungsmöglichkeiten im Einzelsetting (z. B. Einzelsupervisionen, Coachings) sowie Fort- und Weiterbildungen. Ebenso heben sie hervor, dass die »*Autonomiegrade der Mitarbeiter*innen* sowie damit verbundene Flexibilität im beruflichen Handeln« befördert werden sollten, was auch über eine entsprechende Gestaltung der Arbeitsumgebung geschehen könne (ebd., S. 229; Hervorh. i. O.). Mit Bezug auf Simon Mohr (2017) schlussfolgern sie, dass die Stärkung von Handlungsspielräumen und Mitbestimmungsmöglichkeiten (z. B. Einbindung von Mitarbeiter*innen in Dienstplanung und Aufgabenverteilung; Beteiligung an Konzeptentwicklungen) sich positiv auf die Zufriedenheit mit der Sinnhaftigkeit der Arbeit auswirken und die Identifikation mit dem Beruf festigen kann.

Auch Alfons Hollederer (2023) hat sich mit dem Zusammenhang von Anforderungen an Fachkräfte Sozialer Arbeit und dem berufsspezifischen Risiko für die Entwicklung von Disstress, Erschöpfung und Burn-out auseinandergesetzt und hierfür Daten der repräsentativen BIBB/BAuA-Erwerbstätigenbefragung 2018 sekundäranalytisch ausgewertet. Im Ergebnis verweist er darauf, dass emotionale Arbeitsanforderungen in der Sozialen Arbeit stärker vertreten sind als in den anderen (untersuchten) Berufen: »23 % der Sozialarbeitenden berichteten, dass ihre Tätigkeit sie oft in Situationen bringt, die sie gefühlsmäßig belasten. Bei den anderen Berufen ist der Prozentsatz nur etwa halb so hoch (12 %)« (Hollederer, 2023, S. 242). Er schlussfolgert unter anderem, dass die emotionalen Anforderungen durch »verhältnispräventive Interventionen zur Arbeitsplatzgestaltung und zum Aufgabenzuschnitt« verringert werden können (ebd., S. 246). Er verweist darauf, dass Supervisionsangebote stärker ausgebaut sowie die Gefährdungsbeurteilungen nach § 5 Arbeitsschutzgesetz zur Gefährdungsbeurteilung psychischer Belastungen bei der Arbeit flächendeckend durchgeführt werden müssten.

Dazu verweist er auf die enge Verbindung von körperlicher mit emotionaler Erschöpfung und auf die (Un-)Vereinbarkeit von Arbeitszeitplanung mit Familie. Das heißt, dass die häufige Vereinbarkeit von Arbeitszeitplanung und Familie einen zentralen Protektivfaktor darstellt:

> »Viele Sozialarbeitende müssen in einem hohen Ausmaß Ruf-, Bereitschafts- und Abrufdienste leisten sowie in Wechselschicht arbeiten (Hollederer, 2022). Als beispielhaftes Arbeitsfeld sei dafür die berufliche Tätigkeit in Heimen genannt. Die Vereinbarkeit gelingt nach den Selbstauskünften schon häufig bei rund zwei Dritteln der Sozialarbeitenden, lässt sich jedoch in der Praxis sicherlich noch weiter verbessern« (Hollederer, 2023, S. 246 f.).

Die benannten Ansatzpunkte zeigen exemplarisch auf, welche Rahmenbedingungen dafür notwendig sind, dass Fachkräfte der Sozialen Arbeit ihren anspruchsvollen Tätigkeiten professionell nachgehen können und die damit in Zusammenhang stehende Emotionsarbeit bzw. emotionalen Anforderungen gut bewältigen können.

Dazu braucht es auf Ebene der Organisationen Leitungs- und Führungskräfte, die solche Maßnahmen implementieren und stützen, aber auch aus der Profession Sozialer Arbeit heraus ein entsprechendes Bewusstsein und vernetztes, organisiertes Handeln in Berufsverbänden, Gewerkschaften und Fachgesellschaften, um politische Entscheidungsträger*innen regelmäßig und beharrlich daran zu »erinnern«, welche Ressourcen notwendig sind, damit Fachkräfte nach den »Regeln der Kunst« professionell und verantwortungsvoll arbeiten können und emotional stabil und gesund bleiben.

> **Praktische Tipps zum Umgang mit Emotionen**
>
> - **Selbstreflexion und Selbstbewusstsein:** Nehmen Sie sich regelmäßig Zeit, um Ihre eigenen Emotionen zu reflektieren und ein Bewusstsein für diese in verschiedenen Situationen zu entwickeln.
> - **Achtsamkeitstraining:** Praktizieren Sie Achtsamkeitsübungen, um im gegenwärtigen Moment präsent zu sein und Ihre Emotionen ohne Urteil zu beobachten. Dies kann helfen, übermäßige Reaktionen zu vermeiden und eine bewusste Emotionsregulation zu fördern.
> - **Entwicklung von Coping-Strategien:** Identifizieren Sie gesunde Bewältigungsstrategien, die Ihnen helfen, mit Stress und belastenden Situationen umzugehen. Dies kann das Einüben von Entspannungstechniken wie Atemübungen, Yoga, Meditation oder progressiver Muskelentspannung beinhalten.
> - **Grenzen setzen und Hilfe suchen:** Lernen Sie, klare Grenzen zu setzen und um Unterstützung zu bitten, wenn Sie überfordert sind. Dies kann bedeuten, rechtzeitig Nein zu sagen, um Ihre eigenen Ressourcen zu schützen, oder professionelle Hilfe in Anspruch zu nehmen, wenn nötig.
> - **Kommunikationstraining:** Üben Sie effektive Kommunikationstechniken, um Ihre Bedürfnisse und Grenzen klar und respektvoll zu kommunizieren. Dies kann dazu beitragen, Missverständnisse zu vermeiden und Konflikte konstruktiv zu lösen.
> - **Selbstfürsorge:** Achten Sie auf Ihre körperliche und emotionale Gesundheit, indem Sie regelmäßig für Ausgleich und Erholung sorgen. Dies kann bedeuten, Zeit für Hobbys und Interessen zu reservieren, soziale Kontakte zu pflegen oder professionelle Hilfe zu suchen, wenn Sie Unterstützung benötigen.
> - **Supervision und kollegialer Austausch:** Nutzen Sie Supervision und den kollegialen Austausch, um Ihre Erfahrungen zu reflektieren und Unterstützung von Kollegen und Vorgesetzten zu erhalten. Der Dialog mit anderen Fachkräften kann helfen, Perspektiven zu erweitern und neue Lösungsansätze zu finden.

Literatur

Adolph, Dirk; Tschacher, Wolfgang; Niemeyer, Helen & Michalak, Johannes (2021): Gait patterns and mood in everyday life: A comparison between depressed patients and non-depressed controls. *Cognitive Therapy and Research*, 1–13.

Algoe, Sara B. (2012): Find, remind, and bind: The functions of gratitude in everyday relationships. *Social and Personality Psychology Compass*, 6(6), 455–469.

Algoe, Sara B.; Dwyer, Patrick C.; Younge, Ayana & Oveis, Christopher (2020): A new perspective on the social functions of emotions: Gratitude and the witnessing effect. *Journal of Personality and Social Psychology*, 119(1), 40.

Alsago, Elke & Meyer, Nikolaus (2024): *Prekäre Professionalität. Soziale Arbeit und die Coronapandemie*. Opladen, Berlin und Toronto: Verlag Barbara Budrich.

Altmann, Tobias (2018): Empathie. socialnet Lexikon, 04.05.2018. Bonn: socialnet. https://www.socialnet.de/lexikon/408

Altmann, Tobias & Roth, Marcus (2014): *Mit Empathie arbeiten – gewaltfrei kommunizieren. Praxistraining für Pflege, Soziale Arbeit und Erziehung*. 1. Aufl. Stuttgart: Kohlhammer.

Anderson, Craig A. & Bushman, Brad J. (2002): Human aggression. *Annual Review of Psychology*, 53(1), 27–51.

Andresen, Sabine & Heitmeyer, Wilhelm (Hrsg.) (2012): *Zerstörerische Vorgänge. Missachtung und sexuelle Gewalt gegen Kinder und Jugendliche in Institutionen*. Weinheim: Beltz.

Angyal, Andras (1941): Disgust and related aversions. *Feelings and emotions: The Loyola symposium*, 36(3), 393–412. https://doi.org/10.1037/h0058254

Apostolou, Menelaos & Panayiotou, Rafaella (2019): The reasons that prevent people from cheating on their partners: An evolutionary account of the propensity not to cheat. *Personality and Individual Differences*, 146, 34–40.

Arioli, Maria; Crespi, Chiara & Canessa, Nicole (2018): Social cognition through the lens of cognitive and clinical neuroscience. *BioMed Research International*, 1–18. https://doi.org/10.1155/2018/4283427

Arnold, Magda B. (1970): Perennial problems in the field of emotion. In Magda Arnold (Hrsg.): *Feelings and emotions: The Loyola symposium* (S. 169–185). New York: Academic Press.

Bandura, Albert (1999): Social cognitive theory: An agentic perspective. *Asian Journal of Social Psychology*, 2(1), 21–41.

Banse, Rainer & Scherer, Klaus R. (1996): Acoustic profiles in vocal emotion expression. *Journal of Personality and Social Psychology*, 70(3), 614.

Barrett, Karen C.; Zahn-Waxler, Carolyn & Cole, Pamela M. (1993): Avoiders vs. amenders: Implications for the investigation of guilt and shame during toddlerhood? *Cognition & Emotion*, 7(6), 481–505.

Barrett, Lisa F.; Mesquita, Batja & Gendron, Maria (2011): Context in emotion perception. *Current Directions in Psychological Science*, 20(5), 286–290.

Barret-Lennard, Godfrey T. (1981): The empathy cycle: refinement of a nuclear concept. *Journal of Counseling Psychology*, 28(2), 91–100.

Bartlett, Monica Y. & DeSteno, David (2006): Gratitude and prosocial behavior: Helping when it costs you. *Psychological Science*, 17(4), 319–325.

Bastian, Brock; Jetten, Jolanda & Fasoli, Fabio (2011): Cleansing the soul by hurting the flesh: The guilt-reducing effect of pain. *Psychological Science*, 22(3), 334.

Bateman, Anthony W. & Fonagy, Peter (2004): Mentalization-based treatment of BPD. *Journal of Personality Disorders*, 18(1), 36–51.

Batson, Daniel C. (1991): *The altruism question: Toward a social-psychological answer*. 1. Aufl. New York: Psychology Press.
Batson, Daniel C; Lishner, David A.; Carpenter, Amy; Dulin, Luis; Harjusola-Webb, Sanna; Stocks, Eric. L.; Gale, Shawna; Hassan, Omar & Sampat, Brenda. (2003): »... As you would have them do unto you«: Does imagining yourself in the other's place stimulate moral action? *Personality and Social Psychological Bulletin*, 29(9), 1190–201. https://doi.org.10.1177/0146167203254600
Bauer, Petra; Dörr, Margret; Dollinger, Bernd; Neumann, Sascha & Richter, Martina (2018): Wa(h)re Gefühle? Einleitende Skizzen zum Stellenwert von Emotionen in der Sozialen Arbeit. In: Kommission Sozialpädagogik (Hrsg.): *Wa(h)re Gefühle? Sozialpädagogische Emotionsarbeit im wohlfahrtsstaatlichen Kontext* (S. 9–13). Weinheim: Beltz Juventa.
Baumeister, Roy F.; Stillwell, Arlene M. & Heatherton, Todd F. (1995): Personal narratives about guilt: Role in action control and interpersonal relationships. *Basic and Applied Social Psychology*, 17(1–2), 173–198.
Becker-Lenz, Roland; Busse, Stefan; Ehlert, Gudrun & Müller-Hermann, Silke (2012): *Professionalität Sozialer Arbeit und Hochschule. Wissen, Kompetenz, Habitus und Identität im Studium Sozialer Arbeit*. Wiesbaden: VS Verlag für Sozialwissenschaften.
Becker-Lenz, Roland; Busse, Stefan; Ehlert, Gudrun & Müller-Hermann, Silke (Hrsg.) (2013): *Professionalität in der Sozialen Arbeit. Standpunkte, Kontroversen, Perspektiven*. 3. Aufl. Wiesbaden: VS Verlag für Sozialwissenschaften.
Behnisch, Michael (2018): *Die Organisation des Täglichen. Alltag in der Heimerziehung am Beispiel des Essens*. Frankfurt a. M.: IGfH-Eigenverlag.
Bieker, Rudolf (2022): Was ist Soziale Arbeit? – eine Einführung in Gegenstand und Funktionen. In: Carola Kuhlmann, H. Löwenstein, H. Niemeyer & R. Bieker (Hrsg.): *Soziale Arbeit. Das Lehr- und Studienbuch für den Einstieg* (S. 15–64). Stuttgart: Kohlhammer.
Blumenthal, Sara (2018): Scham und Beschämung als Forschungsperspektiven im Kontext der Fremdunterbringung von Kindern und Jugendlichen. In: Sara Blumenthal, Karin Lauermann & Stefan Sting (Hrsg.): *Soziale Arbeit und soziale Frage(n)* (S. 295–305). Opladen: Verlag Barbara Budrich.
Blumenthal, Sara (2023): Scham. In: Matthias Huber & Marion Döll (Hrsg.): *Bildungswissenschaft in Begriffen, Theorien und Diskursen* (S. 517–524). Wiesbaden: VS Verlag für Sozialwissenschaften.
BMFSFJ – Bundesministerium für Familie, Senioren, Frauen und Jugend (2021): Neunter Familienbericht: Eltern sein in Deutschland – Ansprüche, Anforderungen und Angebote bei wachsender Vielfalt. https://www.bmfsfj.de/resource/blob/179392/195baf88f8c3ac7134347d2e19f1cdc0/neunter-familienbericht-bundestagsdrucksache-data.pdf
Bohart, Arthur C.; Elliott, Robert.; Greenberg, Leslie S. & Watson, Jeanne C. (2002): Empathy. *Psychotherapy*, 48(1), 43–49. https://doi.org/10.1037/a0022187
Bohner, Gerd; Eyssel, Friedericke; Pina, Afroditi; Siebler, Frank & Viki, G. Tendayi (2013): Rape myth acceptance: Cognitive, affective and behavioural effects of beliefs that blame the victim and exonerate the perpetrator. In: Miranda Horvath & Jennifer Brown (Hrsg.): *Rape: Challenging contemporary thinking* (S. 17–45). Cullompton: Willan Publishing.
Böhnisch, Lothar (2016): *Lebensbewältigung. Ein Konzept für die Soziale Arbeit*. Weinheim und Basel: Beltz Juventa.
Böhnisch, Lothar & Lösch, Hans (1973): Das Handlungsverständnis des Sozialarbeiters und seine institutionelle Determination. In: Hans-Uwe Otto & Siegfried Schneider (Hrsg.): *Gesellschaftliche Perspektiven der Sozialarbeit*. Band 2 (S. 21–40). Berlin und Neuwied: Luchterhand.
Böhnisch, Lothar & Schröer, Wolfgang (2013): *Soziale Arbeit – eine problemorientierte Einführung*. Bad Heilbrunn: Julius Klinkhardt.
Bolay, Eberhard (1998): Scham und Beschämung in helfenden Beziehungen. In: Heidrun Metzler & Elisabeth Wacker (Hrsg.): *Soziale Dienstleistungen* (S. 29–52). Tübingen: Attempto-Verlag.
Borders, Ashley & Wiley, Shaun (2020): Rumination about discrimination mediates the unique association between anger and collective action intentions. *Group Processes & Intergroup Relations*, 23(7), 979–995.

Bormann, Inka (2024): Vertrauen in pädagogischen Interaktionen und seine Konstitution in konjunktiver Erfahrung und konstituierender Rahmung. In: Ralf Bohnsack, Benjamin Wagener & Tanja Sturm (Hrsg.): *Konstituierende Rahmung und professionelle Praxis. Pädagogische Organisationen und darüber hinaus* (S. 453–471). Opladen, Berlin und Toronto: Verlag Barbara Budrich.

Brandstätter, Veronika; Schüler, Julia; Puca, Rosa Maria & Ljubica, Lozo (2013): *Motivation und Emotion. Allgemeine Psychologie für Bachelor.* Berlin und Heidelberg: Springer.

Breithaupt, Fritz (2012): A three-person model of empathy. *Emotion Review*, 4(1), 84–91.

Brescoll, Victoria L. & Uhlmann, Eric L. (2008): Can an angry woman get ahead? Status conferral, gender, and expression of emotion in the workplace. *Psychological Science*, 19(3), 268–275.

Buske-Kirschbaum, Angelika; Geiben, Andrea; Wermke, Cornelia; Pirke, Karl-Martin & Hellhammer, Dirk (2001): Preliminary evidence for herpes labialis recurrence following experimentally induced disgust. *Psychotherapy and Psychosomatics*, 70(2), 86–91. https://doi.org/10.1159/000056231

Cannon, Walter B. (1927): The James-Lange theory of emotions: A critical examination an alternative theory. *American Journal of Psychology*, 39, 106–124.

Carney, Dana R.; Cuddy, Amy J. & Yap, Andy J. (2010): Power posing: Brief nonverbal displays affect neuroendocrine levels and risk tolerance. *Psychological Science*, 21(10), 1363–1368.

Castro Varela, Maria do Mar (2010): Un-Sinn: Postkoloniale Theorie und Diversity. In: Fabian Kessl & Melanie Plößer (Hrsg.): *Differenzierung, Normalisierung, Andersheit. Soziale Arbeit als Arbeit mit den Anderen* (S. 249–263). Wiesbaden: VS Verlag für Sozialwissenschaften.

Cialdini, Robert B.; Brown, Stephanie L.; Lewis, Brian P.; Luce, Carol & Neuberg, Steven L. (1997): Reinterpreting the empathy-altruism relationship: When one into one equals oneness. *Journal of Personality and Social Psychology*, 73(3), 481.

Clifford, Scott & Jerit, Jennifer (2018): Disgust, anxiety, and political learning in the dace of threat. *American Journal of Political Science*, 62, 266–279. https://doi.org/10.1111/ajps.12350

Clifford, Scott & Piston, Spencer (2017): Explaining public support for counterproductive homelessness policy: The role of disgust. *Political Behavior*, 39, 503–525.

Coke, Jay S.; Batson, C. David & McDavis, Katherine (1978): Empathic mediation of helping: a two-stage model. *Journal of Personality and Social Psychology*, 36(7), 752.

Coles, Nicholas. a.; Larsen, Jeff T. & Lench, Heather C. (2019): A meta-analysis of the facial feedback literature: Effects of facial feedback on emotional experience are small and variable. *Psychological Bulletin*, 145(6), 610–651. https://doi.org/10.1037/bul0000194

Cosmides, Leda & Tooby, John (2000): Evolutionary psychology and the emotions. *Handbook of Emotions*, 2(2), 91–115.

Croston, Glenn (2012): The thing we fear more than death. Why predators are responsible for our fear of public speaking. *Psychology Today.* https://www.psychologytoday.com/intl/blog/the-real-story-risk/201211/the-thing-we-fear-more-death

Csíkszentmihályi, Mihály (1997): *Flow and the psychology of discovery and invention.* New York: Harper Perennial.

Cuddy, Amy J. C.; Fiske, Susan T. & Glick, Peter (2007): The BIAS map: Behaviors from intergroup affect and stereotypes. *Journal of Personality and Social Psychology*, 92(4), 631–648. https://doi.org/10.1037/0022-3514.92.4.631

Daigler, Claudia & Düring, Diana (2021): Professionsverständnisse und Professionalitätserwerb in Erziehungshilfen. *Forum Erziehungshilfen*, 4, 196–202.

Decety, Jean & Jackson, Philip L. (2004): The functional architecture of human empathy. *Behavioral and Cognitive Neuroscience Reviews*, 3(2), 71–100.

Decety, Jean & Michalska, Kalina J. (2010): Neurodevelopmental changes in the circuits underlying empathy and sympathy from childhood to adulthood. *Developmental Science*, 13(6), 886–899.

Degener, Lea; Kunstreich, Tim; Lutz, Tilmann; Mielich, Sinah; Muhl, Florian; Rosenkötter, Wolfgang & Schwagereck, Jorrit (Hrsg.) (2020): *Dressur zur Mündigkeit?! Über die Verletzung von Kinderrechten in der Heimerziehung. Argumente für eine Heimkampagne 3.0.* Weinheim und Basel: Beltz Juventa.

De Jong, Bart A. de; Dirks, Kurt T. & Gillespie, Nicole (2016): Trust and team performance: A meta-analysis of main effects, moderators, and covariates. *Journal of Applied Psychology*, 101(8), 1134.

DeLongis, Anita & Holtzman, Susan (2005): Coping in context: The role of stress, social support, and personality in coping. *Journal of Personality*, 73(6), 1633–1656.

DeNeve, Kristina M. & Cooper, Harris (1998): The happy personality: A meta-analysis of 137 personality traits and subjective well-being. *Psychological Bulletin*, 124(2), 197–229. https://doi.org.10.1037/0033-2909.124.2.197

DeSteno, David, Condon, Paul & Dickens, Leah (2016): Gratitude and compassion. *Handbook of Emotions*, 4, 835–846.

Dewe, Bernd & Stüwe, Gerd (2016): Basiswissen Profession. *Zur Aktualität und kritischen Substanz des Professionskonzeptes für die Soziale Arbeit*. Unter Mitarbeit von Wilfried Ferchhoff. Weinheim und Basel: Beltz Juventa.

DGSv – Deutsche Gesellschaft für Supervision und Coaching (o.J.): Supervision/Coaching/Organisationsberatung. https://www.dgsv.de/beratung/supervision/

Dunkel, Wolfgang (1988): Wenn Gefühle zum Arbeitsgegenstand werden. Gefühlsarbeit im Rahmen personenbezogener Dienstleistungstätigkeit. *Soziale Welt*, 1, 66–85.

Düring, Diana (2012): Vertrauensbrüche in sozialpädagogischen Kontexten – eine Perspektive auf die institutionellen Bedingungen. In: Sandra Tiefel & Maren Zeller (Hrsg.): *Vertrauensprozesse in der Sozialen Arbeit* (S. 107–122). Baltmannsweiler: Schneider-Verlag Hohengehren.

Düring, Diana (2024): Leerstelle Elternselbstvertretung in den Hilfen zur Erziehung? *Forum Erziehungshilfen*, 30(1), 27–30.

Eisenberg, Nancy; Fabes, Richard A. & Murphy, Bridget C. (1996): Parents' reactions to children's negative emotions: Relations to children's social competence and comforting behavior. *Child Development*, 67(5), 2227–2247.

Eisenberg, Nancy; Valiente, Carlos; Morris, Amanda S.; Fabes, Richard A.; Cumberland, Amanda; Reiser, Mark; Thompson Gershoff; Shepard, A. Stephanie & Losoya, Sandra (2003): Longitudinal relations among parental emotional expressivity, children's regulation, and quality of socioemotional functioning. *Developmental Psychology*, 39(1), 3.

Ekman, Paul (2017): *Gefühle lesen. Wie Sie Emotionen erkennen und richtig interpretieren*. 3. Aufl. Berlin u. Heidelberg: Springer.

Ekman, Paul & Friesen, Wallace V. (2003): *Unmasking the face: A guide to recognizing emotions from facial clues*. Ishk.

Emmons, Robert A. (2005): Striving for the sacred: personal goals, life meaning, and religion. *Journal of Social Issues*, 61, 731–745. https://doi.org.10.1111/j.1540-4560.2005.00429.x

Emmons, Robert A. & Crumpler, Cheryl A. (2000): Gratitude as a human strength: Appraising the evidence. *Journal of Social and Clinical Psychology*, 19(1), 56–69.

Emmons, Robert A.; Froh, Jeffrey & Rose, Rachel (2019): Gratitude. In: Matthew W. Gallagher & Shane J. Lopez (Hrsg.): *Positive psychological assessment: A handbook of models and measures* (S. 317–332). 2. Aufl. American Psychological Association.

Emmons, Robert A.; McCullough, Michael E. & Tsang, Jo-Ann (2003): *The assessment of gratitude*. In: Shane J. Lopez & C. R. Snyder (Hrsg.): *Positive psychological assessment: A handbook of models and measures* (S. 327–341). Washinton, DC: American Psychological Association.

Endreß, Martin (2002): *Vertrauen*. Bielefeld: transcript.

Erikson, Erik H. (1991 [1963]): *Childhood and society*. 2. Aufl. New York: Norton.

Faßnacht, Gerhard (1995): *Systematische Verhaltensbeobachtung*. München: Ernst Reinhardt Verlag.

Fegert, Jörg; Kölch, Michael; König, Elisa; Harsch, Daniela; Witte, Susanne & Hoffmann, Ulrike (Hrsg.) (2018): *Schutz vor sexueller Gewalt und Übergriffen in Institutionen. Für die Leitungspraxis in Gesundheitswesen, Jugendhilfe und Schule*. 1. Aufl. Berlin und Heidelberg: Springer.

Fehr, Beverley & Russell, James A. (1984): Concept of emotion viewed from a prototype perspective. *Journal of Experimental Psychology: General*, 113(3), 464.

Feldman, Greg (2007): Cognitive and behavioral therapies for depression: Overview, new directions, and practical recommendations for dissemination. *Psychiatric Clinics of North America*, 30(1), 39–50.
Fischer, Agneta H. & Evers, Catharine (2011): The social costs and benefits of anger as a function of gender and relationship context. *Sex Roles*, 65, 23–34.
Fischer, Agneta & Giner-Sorolla, Roger (2016): Contempt: Derogating others while keeping calm. *Emotion Review*, 8(4), 346–357.
Fischer, Agneta H. & Manstead, Antony S. (2016): Social functions of emotion and emotion regulation. *Handbook of Emotions*, 4, 424–439.
Fiske, Alan P.; Seibt, Beate & Schubert, Thomas (2019): The sudden devotion emotion: Kama muta and the cultural practices whose function is to evoke it. *Emotion Review*, 11(1), 74–86.
Fiske, Susan T. (2015): Intergroup biases: A focus on stereotype content. Current opinion in behavioral sciences, 3, 45–50.
Flam, Helena (1990a): The emotional »man« I. The emotional »man« and the problem of collective action. *International Sociology*, 5(1), 39–56.
Flam, Helena (1990b): The emotional »man« II. Corporate actors as emotion-motivated emotion managers. *International Sociology*, 5(2), 225–234.
Flindt, Heike (2023): Die perspektivische Fähigkeit als Bildungsaufgabe. Eine Betrachtung aus der Sicht von Martha Nussbaum. In: Luisa Girnus, Isabelle-Christine Panrec & Marc Partetzke (Hrsg.): *Schnittpunkt Politische Bildung: Innovative Ansätze und fächerübergreifende Perspektiven* (S. 49–70). Wiesbaden: Springer Fachmedien.
Foucault, Michael (2005): *Analytik der Macht*. Frankfurt a. M.: Suhrkamp.
Fredrickson, Barbara L. (2003): The value of positive emotions: The emerging science of positive psychology is coming to understand why it's good to feel good. *American Scientist*, 91(4), 330–335.
Fredrickson, Barbara L. (2004): Gratitude, like other positive emotions, broadens and builds. *The Psychology of Gratitude*, 145, 166.
Fredrickson, Barbara L. (2013): Positive emotions broaden and build. *Advances in Experimental Social Psychology*, 47, 1–53. https://doi.org.10.1016/B978-0-12-407236-7.00001-2
Frevert, Ute (2017): *Die Politik der Demütigung. Schauplätze von Macht und Ohnmacht*. Frankfurt a. M.: Fischer.
Frevert, Ute (2020): *Mächtige Gefühle. Von A wie Angst bis Z wie Zuneigung – Deutsche Geschichte seit 1900*. Frankfurt a. M.: Fischer.
Frevert, Ute (2024): *Writing the history of emotions: concepts and practices, economies and politics*. London: Bloomsbury Publishing.
Frevert, Ute & Wagner, Greta; im Gespräch mit Fabian Kessel und Holger Schoneville (2024): Zum gesellschaftlichen und historischen Ort der neuen Mitleidsökonomie. Ein virtuelles Gespräch. In: Fabian Kessl & Holger Schoneville (Hrsg.): *Mitleidsökonomie* (S. 195–214). 1. Aufl. Weinheim und Basel: Beltz Juventa.
Fridlund, Alan J. (2014): *Human facial expression: An evolutionary view*. San Diego: Academic Press.
Frijda, Nico H. (2017): *The laws of emotion*. New York: Psychology Press.
Froh, Jeffrey J.; Sefick, William J. & Emmons, Robert A. (2008): Counting blessings in early adolescents: An experimental study of gratitude and subjective well-being. *Journal of School Psychology*, 46(2), 213–233.
Frost, Elizabeth; Magyar-Haas, Veronika & Schoneville, Holger (2020): *Shame and social work. Theory, reflexivity and practice*. Bristol: Policy Press.
Frost, Liz (2016): Exploring the concepts of recognition and shame for social work. *Journal of Social Work Practice*, 30(4), 431–446.
Funk, Lena (2016): Empathie. In: Dieter Frey (Hrsg.): *Psychologie der Werte. Von Achtsamkeit bis Zivilcourage – Basiswissen aus Psychologie und Philosophie* (S. 53–65). Berlin und Heidelberg: Springer.
Gahleitner, Silke Birgitta (2017): *Soziale Arbeit als Beziehungsprofession. Bindung, Beziehung und Einbettung professionell ermöglichen*. Weinheim und Basel: Beltz Juventa.

Gahleitner, Silke Brigitta; Gabriel, Maite; de Andrade, Marilena, Martensen, Marie; Pammer, Barbara (2023): *Sexualisierte Gewalt in der Heimerziehung der DDR. Bewältigungs- und Aufarbeitungswege anerkennen und unterstützen*. Wiesbaden: VS Verlag für Sozialwissenschaften.

Gelso, Charles J.; Kivlighan, Dennis, M. Jr. & Markin, Rayna D. (2018): The real relationship and its role in psychotherapy outcome: A meta-analysis. *Psychotherapy*, 55(4), 434–444. https://doi.org/10.1037/pst0000183

Gibbons, Susan B. (2011): Understanding empathy as a complex construct: A review of the literature. *Clinical Social Work Journal*, 39, 243–252. https://doi.org/10.1007/s10615-010-0305-2

Gibson, Eleanor J. & Walk, Richard D. (1960): Visual cliff. *Scientific American*, 202(4), 64–71. https://doi.org.10.1038/scientificamerican0460-64.

Gibson, Matthew (2019): *Pride and shame in child and family social work. Emotions and the search for humane practice*. Bristol: Policy Press.

Giddens, Anthony (1995): *Konsequenzen der Moderne*. Frankfurt a. M.: Suhrkamp.

Giner-Sorolla, Roger (2001): Guilty pleasures and grim necessities: affective attitudes in dilemmas of self-control. *Journal of Personality and Social Psychology*, 80(2), 206. https://doi.org/10.1037/0022-3514.80.2.206

Glasenapp, Jan (2014): *Emotionen als Ressourcen. Manual für Psychotherapie, Coaching und Beratung*. Weinheim: Beltz.

Gräßer, Melanie.; Martinschledde, Dana & Hovermann, Eike (2020): *Therapie-Tools: Therapeutisches Schreiben*. Weinheim: Beltz.

Gottman, John Mordechai & Levenson, Robert Wayne (2000): The timing of divorce: Predicting when a couple will divorce over a 14-year period. *Journal of Marriage and Family*, 62(3), 737–745.

Gross, James J. (1998): Antecedent- and response-focused emotion regulation divergent consequences for experience, expression, and physiology. *Journal of Personality and Social Psychology*, 74(1), 224–37.

Gross, James J. (1999): Emotion and emotion regulation. In: Lawrence A. Pervin & Oliver P. John (Hrsg.): *Handbook of personality: Theory and research* (S. 525–552). 2. Aufl. New York: Guilford Press.

Groß, Melanie (2010): »Wir sind die Unterschicht« – Jugendkulturelle Differenzartikulationen aus intersektionaler Perspektive. In: Fabian Kessl & Melanie Plößer (Hrsg.): *Differenzierung, Normalisierung, Andersheit: Soziale Arbeit als Arbeit mit den Anderen* (S. 34–48). Wiesbaden: VS Verlag für Sozialwissenschaften.

Haidt, Jonathan (2001): The emotional dog and its rational tail: a social intuitionist approach to moral judgement. *Psychological Review*, 108(4), 814.

Haidt, Jonathan; McCauley, Clark & Rozin, Paul (1994): Individual differences in sensitivity to disgust: A scale sampling seven domains of disgust elicitors. *Personality and Individual Differences*, 16(5), 701–713.

Haidt, Jonathan; Rozin, Paul; McCauley, Clark R. & Imada, Sumio (1997): Body, psyche, and culture: The relationship between disgust and morality. *Psychology and Developing Societies*, 9(1), 107–131.

Harbou, Frederik von (2014): *Empathie als Element einer rekonstruktiven Theorie der Menschenrechte*. Baden-Baden: Nomos.

Harris, Lasana T. & Fiske, Susan T. (2007): Social groups that elicit disgust are differentially processed in mPFC. *Social Cognitive and Affective Neuroscience*, 2(1), 45–51.

Harth, Nicole S. (2020): Pride. In: Virgil Zeigler-Hill & Todd K. Shackelford (Hrsg.): *Encyclopedia of personality and individual differences* (S. 4016–4018). Cham: Springer.

Harth, Nicole S.; Kessler, Thomas & Leach, Colin W. (2008): Advantaged group's emotional reactions to intergroup inequality: The dynamics of pride, guilt, and sympathy. *Personality and Social Psychology Bulletin*, 34(1), 115–129.

Harth, Nicole S.; Leach, Colin W. & Kessler, Thomas (2013): Guilt, anger, and pride about ingroup environmental behaviour: Different emotions predict distinct intentions. *Journal of Environmental Psychology*, 34, 18–26.

Hein, Grit & Singer, Tanja (2010): Neuroscience meets social psychology: An integrative approach to human empathy and prosocial behavior. In: Mario Mikulincer & Philipp R.

Shaver (Hrsg.): *Prosocial motives, emotions, and behavior: The better angels of our nature* (S. 109–125). American Psychological Association.

Henn, Sarah; Lochner, Barbara; Meiner-Teubner, Christiane & Strunz, Eva (2017): *Arbeitsbedingungen als Ausdruck gesellschaftlicher Anerkennung Sozialer Arbeit.* Hrsg. v. Gewerkschaft Erziehung und Wissenschaft. Frankfurt a. M.

Herrmann, Franz (2013): *Konfliktkompetenz in der Sozialen Arbeit. Neun Bausteine für die Profis in der Jugendhilfe.* München und Basel: Ernst Reinhardt Verlag.

Hertenstein, Matthew J.; Holmes, Rachel; McCullough, Margaret & Keltner, Dacher (2009): The communication of emotion via touch. *Emotion*, 9(4), 566.

Hochschild, Arlie Russell (1983): *The managed heart. Commercialization of human feeling.* Berkeley: University of California Press.

Hochschild, Arlie Russell (2006): *Das gekaufte Herz. Die Kommerzialisierung der Gefühle.* Erweiterte Neuausg. Frankfurt a. M.: Campus.

Hofmann, Stefan; Strakosch, Ana-Maria & Pruessner, Luise (2020): *Der Einfluss interpersoneller Emotionsregulation auf Wohlbefinden und Psychopathologie.* https://doi.org/10.1007/978-3-662-60280-5_13

Hollederer, Alfons (2023): Wer leidet in der Sozialen Arbeit an Erschöpfung? *Soziale Passagen*, 15(1), 233–250. https://doi.org.10.1007/s12592-023-00463-7

Inbar, Yoel; Pizarro, David A. & Bloom, Paul (2012): Disgusting smells cause decreased liking of gay men. *Emotion*, 12(1), 23.

Ingram, Richard (2015): *Understanding emotions in social work. Theory, practice and reflection.* Berkshire, England: Open University Press/McGraw-Hill Education/McGraw-Hill House.

International Federation of Social Workers (IFSW) & International Association of Schools of Social Work (IASSW) (o. J.). Ethics in social work, statement of principles. https://www.iassw-aiets.org/wp-content/uploads/2015/10/Ethics-in-Social-Work-Statement-IFSW-IASSW-2004.pdf

Ivanova, Mishela (2017): *Umgang der Migrationsanderen mit rassistischen Zugehörigkeitsordnungen: Strategien, Wirkungsweisen und Implikationen für die Bildungsarbeit.* Bad Heilbrunn: Julius Klinkhardt.

Izard, Carroll E. (1991): *The psychology of emotions.* New York: Springer Science & Business Media.

Izard, Carroll E. (2007): Basic emotions, natural kinds, emotion schemas, and a new paradigm. *Perspectives on Psychological Science*, 2(3), 260–280.

Jackson, Liz (2016): Why should I be grateful? The morality of gratitude in contexts marked by injustice. *Journal of Moral Education*, 45(3), 276–290.

James, William (1884): What is an emotion? *Mind*, 9(34), 188–205).

Jettenberger, Marion (2017): *Ekel – professioneller Umgang mit Ekelgefühlen in Gesundheitsfachberufen.* Berlin und Heidelberg: Springer.

Juslin, Patrick N. & Laukka, Petri (2001): Impact of intended emotion intensity on cue utilization and decoding accuracy in vocal expression of emotion. *Emotion*, 1(4), 381.

Juslin, Patrick N.; Scherer, Klaus R.; Harrigan, Jinni & Rosenthal, Robert (2005): *Vocal expression of affect. The new handbook of methods in nonverbal behavior research*, 65–135.

Kagan, Jerome (1981): *The second year: The emergence of self-awareness.* Harvard: Harvard University Press.

Kahl, Yvonne & Bauknecht, Jürgen (2023): Psychische und emotionale Erschöpfung von Fachkräften der Sozialen Arbeit. *Soziale Passagen*, 15(1), 213–232. https://doi.org.10.1007/s12592-023-00448-6

Kaluza, Gert (2014): *Gelassen und sicher im Stress – Das Stresskompetenz-Buch.* 5. Aufl. Berlin: Springer.

Katsivelaris, Niko (2012): Normalisierung mit Gefühl? Empathie in der Sozialen Arbeit. *Soziales Kapital*, 8. http://www.soziales-kapital.at/index.php/sozialeskapital/article/viewFile/240/374.pdf

Keltner, Dacher & Kring, Ann M. (1998): Emotion, social function, and psychopathology. *Review of General Psychology*, 2(3), 320–342.

Kessl, Fabian (2005): *Der Gebrauch der eigenen Kräfte.* Weinheim: Beltz Juventa.

Kessl, Fabian & Schoneville, Holger (2024): *Mitleidsökonomie*. Weinheim und Basel: Beltz Juventa.

Kessler, Thomas & Hollbach, Susan (2005): Group-based emotions as determinants of ingroup identification. *Journal of Experimental Social Psychology*, 41(6), 677–685. https://doi.org/10.1016/j.jesp.2005.01.001

Kim, Sangmoon; Thibodeau, Ryan & Jorgensen, Randall S. (2011): Shame, guilt, and depressive symptoms: a meta-analytic review. *Psychological Bulletin*, 137(1), 68.

King, Cheryl A. & Merchant, Christopher R. (2008): Social and interpersonal factors relating to adolescent suicidality: A review of the literature. *Archives of Suicide Research*, 12(3), 181–196. https://doi.org/10.1080/13811110802101203

Kleinginna, Paul R. Jr. & Kleinginna, Anne M. (1981): A categorized list of emotion definitions, with suggestions for a consensual definition. *Motivation and emotion*, 5(4), 345–379.

Kobylińska, Dorota & Kusev, Petko (2019): Flexible emotion regulation: How situational demands and individual differences influence the effectiveness of regulatory strategies. *Frontiers in Psychology*, 10, 72.

Köngeter, Stefan (2009): Professionalität in den Erziehungshilfe. In: Roland Becker-Lenz, Stefan Busse, Gudrun Ehlert & Silke Müller-Hermann (Hrsg.): *Professionalität in der Sozialen Arbeit. Standpunkte, Kontroversen, Perspektiven* (S. 175–191). Wiesbaden: VS Verlag für Sozialwissenschaften.

Kopp, Claire B. (1989): Regulation of distress and negative emotions: A developmental view. *Developmental Psychology*, 25(3), 343–354. https://doi.org/10.1037/0012-1649.25.3.343

Kraus, Björn & Krieger, Wolfgang (Hrsg.) (2021): *Macht in der Sozialen Arbeit. Interaktionsverhältnisse zwischen Kontrolle, Partizipation und Freisetzung*. 5. überarb. u. erw. Aufl. Detmold: Lippe.

Krauß, E. Jürgen (2012): Supervision für soziale Berufe. In: Werner Thole (Hrsg.): *Grundriss Soziale Arbeit. Ein einführendes Handbuch* (S. 719–733). 4. Aufl. Opladen: Leske + Budrich.

Kuppens, Peter; Van Mechelen, Iven & Meulders, Michel (2004): Every cloud has a silver lining: Interpersonal and individual differences determinants of anger-related behaviors. *Personality and Social Psychology Bulletin*, 30(12), 1550–1564.

Lambert, Nathaniel M.; Fincham, Frank D. & Stillman, Tyler F. (2012): Gratitude and depressive symptoms: The role of positive reframing and positive emotion. *Cognition & Emotion*, 26(4), 615–633. https://doi.org/10.1080/02699931.2011.595393

Lammers, Claas H. (2015): *Emotionsfokussierte Methoden*. Weinheim und München: Beltz.

Lazarus, Richard S. (1974): Psychological stress and coping in adaptation and illness. *The International Journal of Psychiatry in Medicine*, 5(4), 321–333.

Lazarus, Richard S. (1991a): Progress on a cognitive-motivational-relational theory of emotion. *American Psychologist*, 46(8), 819.

Lazarus, Richard S. (1991b): *Emotion and adaptation*. New York: Oxford University Press.

Lazarus, Richard S. & Lazarus, Bernice N. (1994): *Passion and reason: Making sense of our emotions*. New York: Oxford University Press.

Leary, Mark R. & Baumeister, Roy F. (1995): The need to belong. *Psychological Bulletin*, 117(3), 497–529.

LeDoux, Joseph (2003): The emotional brain, fear, and the amygdala. *Cellular and Molecular Neurobiology*, 23, 727–738.

Lemke, Matthias R.; Wendorff, Thomas; Mieth, Brigitt; Buhl, Katharina & Linnemann, Martin (2000): Spatiotemporal gait patterns during over ground locomotion in major depression compared with healthy controls. *Journal of Psychiatric Research*, 34(4–5), 277–283.

Len, Andrea; Manzel, Melissa; Tomaschowski, Lydia; Redmann, Björn & Schruth, Peter (Hrsg.) (2022): *Ombudschaft in der Kinder- und Jugendhilfe. Grundlagen – Praxis – Recht*. 1. Aufl. Weinheim und Basel: Beltz Juventa.

Lerner, Jennifer S. & Tiedens, Larissa Z. (2006): Portrait of the angry decision maker: How appraisal tendencies shape anger's influence on cognition. *Journal of Behavioral Decision Making*, 19(2), 115–137.

Levenson, Robert W. (1999): The intrapersonal functions of emotion. *Cognition & Emotion*, 13(5), 481–504.

Lewis, Helen B. (1971): Shame and guilt in neurosis. *Psychoanalytic Review*, 58(3), 419.

Lindenberg, Michael & Lutz, Tilman (2021): *Zwang in der Sozialen Arbeit. Grundlagen und Handlungswissen.* Stuttgart: Kohlhammer.
Lindenmeyer, Johannes (2015): *Therapie Tools: Offene Gruppen.* Weinheim und Basel: Beltz.
Lob-Hüdepohl, Andreas (2007): Berufliche Soziale Arbeit und die ethische Reflexion ihrer Beziehungs- und Organisationsformen. In: Andreas Lob-Hüdepohl & Walter Lesch (Hrsg.): *Ethik Sozialer Arbeit. Ein Handbuch* (S. 113–161). Paderborn, München und Wien: Schöningh.
Luhmann, Niklas (1989): *Vertrauen. Ein Mechanismus der Reduktion von Komplexität.* Stuttgart: UTB.
Luzio, Gaia di (2005): Professionalismus – eine Frage des Vertrauens? In: Michaela Pfadenhauer (Hrsg.): *Professionelles Handeln* (S. 69–85). Wiesbaden: VS Verlag für Sozialwissenschaften.
Mackie, Diane M. & Smith, Eliot R. (2015): Intergroup emotions. In: Mario Mikulincer, Phillip. R. Shaver, John F. Dovidio & Jeffry A. Simpson (Hrsg.): *APA handbook of personality and social psychology. Vol. 2. Group processes* (S. 263–293). Washington, DC: American Psychological Association.
Magyar-Haas, Veronika (2009): Gemeinschaftskritik – Maske – Würde. Die Relevanz Plessners Ethik für die Soziale Arbeit. In: Bettina Grubenmann & Jürgen Oelkers (Hrsg.): *Das Soziale in der Pädagogik. Zürcher Festgabe für Reinhard Fatke* (S. 77–76). Bad Heilbrunn: Julius Klinkhardt.
Maringer, Marcus; Krumhuber, Eva G.; Fischer, Agneta H. & Niedenthal, Paula M. (2011): Beyond smile dynamics: mimicry and beliefs in judgments of smiles. *Emotion*, 11(1), 181.
Martinez, Renzo Rafael (2024): Ein gefährliches Urteil. *Forum Erziehungshilfen*, 30(1), 3.
Mauss, Iris B.; Levenson, Robert W.; McCarter, Loren; Wilhelm, Frank H. & Gross, James J. (2005): The tie that binds? Coherence among emotion experience, behavior, and physiology. *Emotion*, 5(2), 175–190. https://doi.org/10.1037/1528-3542.5.2.175
Mayer, Roger C.; Davis, James H. & Schoorman, David (1995): An integrative model of organizational trust. *Academy of Management Review*, 20, 709–734.
McCullough, Michael E.; Emmons, Robert A. & Tsang, Jo-Ann (2002): The grateful disposition: A conceptual and empirical topography. *Journal of Personality and Social Psychology*, 82, 112–127.
Mecheril, Paul & Melter, Claus (2010): Differenz und Soziale Arbeit. Historische Schlaglichter und systematische Zusammenhänge. *Differenzierung, Normalisierung, Andersheit: Soziale Arbeit als Arbeit mit den Anderen*, 117–131.
Michalak, Johannes; Mischnat, Judith & Teismann, Tobias (2014): Sitting posture makes a difference – embodiment effects on depressive memory bias. *Clinical Psychology & Psychotherapy*, 21(6), 519–524.
Moesby-Jensen, Cecilie K. & Nielsen, Helle Schjellerup (2015): Emotional labor in social workers' practice. *European Journal of Social Work*, 18(5), 690–702.
Mohr, Simon (2017): Abschied vom Managerialismus. Das Verhältnis von Profession und Organisation in der Sozialen Arbeit. Dissertation zur Erlangung des Doktorgrades. Eingereicht an der Fakultät für Erziehungswissenschaft, Universität Bielefeld.
Morgan, Blaire; Gulliford, Liz & Carr, David (2015): Educating gratitude: Some conceptual and moral misgivings. *Journal of Moral Education*, 44(1), 97–111.
Morris, Amanda S.; Silk, Jennifer S.; Steinberg, Laurence; Myers, Sonya S. & Robinson, Lara R. (2007): The role of the family context in the development of emotion regulation. *Social Development*, 16, 361–388. https://doi.org/10.1111/j.1467-9507.2007.00389.x
MPI – Max-Planck-Institut für Bildungsforschung (o.J.). Geschichte der Gefühle – beendeter Forschungsbereich. https://www.mpib-berlin.mpg.de/forschung/forschungsbereiche/geschichte-der-gefuehle
Müller, Burkhard (2012): Professionalisierung. In: Werner Thole (Hrsg): *Grundriss Soziale Arbeit. Ein einführendes Handbuch* (S. 731–750). 2. überarb. u. aktualis. Aufl. Wiesbaden: VS Verlag für Sozialwissenschaften.
Müller, Burkhard (2015): Gefühle, Emotionen, Affekte. In: Hans-Uwe Otto & Hans Thiersch (Hrsg.): *Handbuch Soziale Arbeit. Grundlagen der Sozialarbeit und Sozialpädagogik* (S. 508–515). 5., erw. Aufl. München und Basel: Ernst Reinhardt Verlag.

Müller, C. Wolfgang (2007): Von der tätigen Nächstenliebe zum Helfen als Beruf. In: Andreas Lob-Hüdepohl & Walter Lesch (Hrsg.): *Ethik Sozialer Arbeit. Ein Handbuch* (S. 13–19). Paderborn, München und Wien: Schöningh.

Naito, Takashi; Wangwan, Janjira & Tani, Motoko (2005): Gratitude in university students in Japan and Thailand. *Journal of Cross-Cultural Psychology*, 36(2), 247–263.

Neckel, Sighard (1991): *Status und Scham. Zur symbolischen Reproduktion sozialer Ungleichheit*. 1. Aufl. Frankfurt a. M. und New York: Campus.

Nelissen, Rob M. (2012): Guilt-induced self-punishment as a sign of remorse. *Social Psychological and Personality Science*, 3(2), 139–144.

Nelissen, Rob & Zeelenberg, Marcel (2009): When guilt evokes self-punishment: evidence for the existence of a Dobby Effect. *Emotion*, 9(1), 118.

Niedenthal, Paula M. (2007): Embodying emotion. *Science*, 316(5827), 1002–1005.

Niven, Karen, Totterdell, Peter & Holman, David (2009): A classification of controlled affect regulation strategies. *Emotion*, 9, 498. https://doi.org.10.1037/a0015962

Nussbaum, Martha Craven (2001): *Upheavals of thought. The intelligence of emotions*. Cambridge: Cambridge University Press.

Nussbaum, Martha Craven (2022): *Die Grenzen der Gerechtigkeit. Behinderung, Nationalität und Spezieszugehörigkeit*. 3. Aufl. Berlin: Suhrkamp.

Nußbeck, Susanne (2006): *Einführung in die Beratungspsychologie*. München und Basel: Ernst Reinhardt Verlag.

O'Connor, Louise (2019): How social workers understand and use their emotions in practice: A thematic synthesis literature review. *Qualitative Social Work*, 19(4), 645–662. https://doi.org.10.1177/1473325019843991

Oatley, Keith & Jenkins, Jennifer M. (1992): Human emotions: Function and dysfunction. *Annual Review of Psychology*, 43(1), 55–85.

Ochsner, Kevin N.; Ray, Rebecca R.; Hughes, Brent; McRae, Kateri; Cooper, Jeffrey C.; Weber, Jochen; Gabrieli, John & Gross, James J. (2009): Bottom-up and top-down processes in emotion generation: common and distinct neural mechanisms. *Psychological Science*, 20(11), 1322–1331.

Oevermann, Ulrich (1996): Skizze einer revidierten Theorie professionalisierten Handelns. In: Arno Combe & Werner Helsper (Hrsg.): *Pädagogische Professionalität. Untersuchungen zum Typus pädagogischen Handelns* (S. 70–182). Frankfurt a. M.: Suhrkamp.

Oevermann, Ulrich (2013): Die Problematik der Strukturlogik des Arbeitsbündnisses und der Dynamik von Übertragung und Gegenübertragung in einer professionalisierten Praxis von Sozialarbeit. In: Roland Becker-Lenz, Stefan Busse, Gudrun Ehlert & Silke Müller-Hermann (Hrsg.): *Professionalität in der Sozialen Arbeit. Standpunkte, Kontroversen, Perspektiven* (S. 119–147). 3. Aufl. Wiesbaden: VS Verlag für Sozialwissenschaften.

Oppermann, Carolin; Winter, Veronika; Harder, Claudia; Wolff, Mechthild & Schröer, Wolfgang (Hrsg.) (2018): *Lehrbuch Schutzkonzepte in pädagogischen Organisationen. Mit Online-Materialien*. 1. Aufl. Weinheim und Basel: Beltz Juventa.

Otto, Hans-Uwe & Ziegler, Holger (Hrsg.) (2010): *Capabilities – Handlungsbefähigung und Verwirklichungschancen in der Erziehungswissenschaft*. 2. Aufl. Wiesbaden: VS Verlag für Sozialwissenschaften.

Papadakis, Alison; Prince, Rebecca P.; Jones, Neil P. & Strauman, Timothy J. (2006): Self-regulation, rumination, and vulnerability to depression in adolescent girls. *Development and Psychopathology*, 18, 815–829. https://doi.org/10.1017/S0954579406060408

Pennebaker, James W. (1997): Writing about emotional experiences as a therapeutic process. *Psychological Science*, 8(3), 162–166.

Peters, Friedhelm & Düring, Diana (2022): »Geschichte wird gemacht – es geht voran« – ein wenig, vielleicht oder doch nicht? Zu den Ergebnissen des Zukunftsforums Heimerziehung. *Forum Erziehungshilfen*, 3, 148–152.

Pollermann, Branka Zei & Archinard, Marc (2002): Acoustic patterns of emotions. In: Eric Keller, Gerard Bailly, Alex Monaghan, Jacques Terken & Mark Huckvale (Hrsg.): *Improvements in speechsynthesis* (S. 237–245). Chichester: John Wiley & Sons, Ltd.

Poulsen, Irmhild (2009): *Burnoutprävention im Berufsfeld Soziale Arbeit. Perspektive zur Selbstfürsorge von Fachkräften*. 1. Aufl. Wiesbaden: VS Verlag für Sozialwissenschaften.

Reisenzein, Rainer & Stephan, Achim (2014): More on James and the physical basis of emotion. *Emotion Review*, 6, 35–46.
Ringel, Dorothee (1993): *Ekel in der Pflege – eine »gewaltige« Emotion*. Frankfurt a. M.: Mabuse.
Rizzolatti, Giacomo; Sinigaglia, Corrada & Griese, Friedrich (2008): *Empathie und Spiegelneurone: die biologische Basis des Mitgefühls*. Frankfurt a. M.: Suhrkamp.
Rogers, Carl (1975): Empathic: An unappreciated way of being. *The Counseling Psychologist*, 5, 2–10.
Rogers, Carl (2007): *Therapeut und Klient*. Frankfurt a. M.: Fischer.
Roseman, Ira J.; Spindel, Martin S. & Jose, Paul E. (1990): Appraisals of emotion-eliciting events: Testing a theory of discrete emotions. *Journal of Personality and Social Psychology*, 59(5), 899.
Roseman, Ira J.; Wiest, Cynthia & Swartz, Tamara S. (1994): Phenomenology, behaviors, and goals differentiate discrete emotions. *Journal of Personality and Social Psychology*, 67(2), 206.
Rosenberg, Marshall, B (2008): *Gewaltfreie Kommunikation: Eine Sprache des Lebens*. Paderborn: Junfermann.
Rozin, Paul & Fallon, April E. (1987): A perspective on disgust. *Psychological Review*, 94(1), 23.
Rozin, Paul; Haidt, Jonathan; McCauley, Clark; Dunlop, Lance & Ashmore, Michelle (1999): Individual differences in disgust sensitivity: Comparisons and evaluations of paper-and-pencil versus behavioral measures. *Journal of Research in Personality*, 33(3), 330–351.
Rozin, Paul; Haidt, Jonathan; McCauley, Clark R.; Lewis (2016): Disgust. In: Michael; Haviland-Jones, Jeannette M. & Barrett, Lisa Feldman (Hrsg.): *Handbook of emotions* (S. 815–835). New York und London: The Guilford Press.
RTH – Runder Tisch Heimerziehung (2010): Runder Tisch Heimerziehung in den 50er und 60er Jahren. Abschlussbericht. Berlin. https://www.agj.de/fileadmin/files/publikationen/RTH_Abschlussbericht.pdf
Said, Edward (1978): *Orientalism*. New York: Vintage.
Sander, Klaus (2004): Personenzentrierte Beratung. In: Frank Nestmann, Frank Engel & Ursel Sickendiek (Hrsg.): *Das Handbuch der Beratung. Band 1: Disziplinen und Zugänge* (S. 331–344). Tübingen: DGVT.
Schäfer, Johanna Ö.; Naumann, Eva; Holmes, Emily A.; Tuschen-Caffier, Brunna & Samson, Andrea C. (2017): Emotion regulation strategies in depressive and anxiety symptoms in youth: A meta-analytic review. *Journal of Youth and Adolescence*, 46, 261–276. https://doi.org.10.1007/s10964-016-0585-0
Scherer, Klaus R. (1999): On the sequential nature of appraisal processes: Indirect evidence from a recognition task. *Cognition & Emotion*, 13(6), 763–793.
Scherer, Klaus R. (2005): What are emotions? And how can they be measured? *Social Science Information*, 44(4), 695–729.
Scherr, Albrecht (2015): Hilfe im System – Was leistet Soziale Arbeit? In: Rita Braches-Chyrek (Hrsg.): *Neue disziplinäre Ansätze in der Sozialen Arbeit* (S. 179–198). Opladen u. a.: Verlag Barbara Budrich.
Schmidt-Atzert, Lothar; Peper, Martin & Stemmler, Gerhard (2014): *Emotionspsychologie: Ein Lehrbuch*. Stuttgart: Kohlhammer.
Schoneville, Holger (2013): Armut und Ausgrenzung als Beschämung und Missachtung. *Soziale Passagen*, 1(5), 17–35.
Schoneville, Holger (2017): Armut und Schamgefühl. Emotionaler Ausdruck gesellschaftlicher Teilhabe unter den Bedingungen von Ausgrenzung. *Sozialmagazin. Die Zeitschrift für Soziale Arbeit*, 8, 31–39.
Schröder, Carsten (2013): Schamgenerierende und beschämende Momente in der professionellen Beziehung. *Soziale Passagen*, 5, 3–16. https://doi.org.10.1007/s12592-013-0133-7
Schröder, Carsten (2017): *Emotionen und professionelles Handeln in der Sozialen Arbeit. Eine Ethnographie der Emotionsarbeit im Handlungsfeld der Heimerziehung*. Wiesbaden: VS Verlag für Sozialwissenschaften.
Schröder, Carsten (2022): Wunderressource Empathie? *Sozial Extra*, 46(5), 350–355. https://doi.org.10.1007/s12054-022-00520-0
Schröder, Peter (2019): Supervision. socialnet Lexikon, 27.03.2019. Bonn: socialnet. https://www.socialnet.de/lexikon/1048

Schrödter, Mark (2020): *Bedingungslose Jugendhilfe. Von der selektiven Abhilfe defizitärer Elternschaft zur universalen Unterstützung von Erziehung.* Wiesbaden: Springer Fachmedien.
Sebastian, Catherine L.; Fontaine, Nathalie M.; Bird, Geoffrey; Blakemore, Sarah-Jane; De Brito, Stephane A.; McCrory, Eamon J. & Viding, Essi (2012): Neural processing associated with cognitive and affective Theory of Mind in adolescents and adults. *Social Cognitive and Affective Neuroscience*, 7(1), 53–63.
Seelmeyer, Udo (2017): Normalität und Normalisierung. In: Fabian Kessl, Elke Kruse, Sabine Stövesand & Werner Thole (Hrsg.): *Soziale Arbeit – Kernthemen und Problemfelder* (S. 25–33). Opladen und Toronto: Verlag Barbara Budrich.
Senge, Konstanze (2013): Die Wiederentdeckung der Gefühle. Zur Einleitung. In: Konstanze Senge & Rainer Schützeichel (Hrsg.): *Hauptwerke der Emotionssoziologie* (S. 11–32). Wiesbaden: VS Verlag für Sozialwissenschaften.
Sheppes, Gal; Scheibe, Susanne; Suri, Gaurav & Gross, James J. (2011): Emotion-regulation choice. *Psychological Science*, 22(11), 1391–1396.
Siem, Birte (2018): Freiwilliges Engagement im Kontext von Flucht und Migration. In: Anette Rohmann & Stefan Stürmer (Hrsg.): *Die Flüchtlingsdebatte in Deutschland – Sozialpsychologische Perspektiven* (S. 29–52). Berlin: Peter Lang.
Siemer, Matthias; Mauss, Iris & Gross, James J. (2007): Same situation – different emotions: how appraisals shape our emotions. *Emotion*, 7(3), 592.
Simmel, Georg (1950 [1908]): *The sociology of Georg Simmel.* New York: Simon and Schuster.
Simmel, Georg (1989 [1900]): *Philosophie des Geldes. Gesamtausgabe Band 6.* Frankfurt a. M.: Suhrkamp.
Simmel, Georg (1992 [1908]): *Soziologie. Untersuchungen über die Formen der Vergesellschaftung. Gesamtausgabe Band 11.* Frankfurt a. M.: Suhrkamp.
Skinner, Burrhus F. (1948): *Walden two.* Englewood Cliffs, NJ: Prentice Hall.
Smith, Craig A. & Lazarus, Richard S. (1993): Appraisal components, core relational themes, and the emotions. *Cognition & Emotion*, 7(3–4), 233–269.
Smith, Richard H. & Hoogland, Charles E. (2019): How envy can incite anti-Semitism and genocide. In: Leonard Newman (Hrsg.): *Confronting humanity at its worst: Social psychological perspectives on genocide* (S. 62–91). New York: Oxford Press.
Staub-Bernasconi, Silvia (2007): *Soziale Arbeit als Handlungswissenschaft. Systemtheoretische Grundlagen und professionelle Praxis – ein Lehrbuch.* Bern u. a.: Haupt.
Staub-Bernasconi, Silvia (2011): Macht und (kritische) Soziale Arbeit. In: Björn Kraus & Wolfgang Krieger (Hrsg.): *Macht in der Sozialen Arbeit. Interaktionsverhältnisse zwischen Kontrolle, Partizipation und Freisetzung* (S. 363–392) Lage: Jacobs.
Staub-Bernasconi, Silvia (2019): *Menschenwürde – Menschenrechte – Soziale Arbeit. Die Menschenrechte vom Kopf auf die Füße stellen.* Opladen: Verlag Babara Budrich.
Stellar, Jennifer E.; Gordon, Amie M.; Piff, Paul K.; Cordaro, Daniel; Anderson, Craig L.; Bai, Yang; Maruskin, Laura A. & Keltner, Dacher (2017): Self-transcendent emotions and their social functions: Compassion, gratitude, and awe bind us to others through prosociality. *Emotion Review*, 9(3), 200–207.
Strauss, Anselm (1991): *Creating sociological awareness. Collective images and symbolic interpretations.* New Brunswick: Transaction Publishers.
Strauss, Anselm; Fagerhaugh, Shizuko; Suczek, Barbara & Wiener, Carolyn (1980): Gefühlsarbeit. *Kölner Zeitschrift für Soziologie und Sozialpsychologie*, 4, 629–651.
Tajfel, Henri; Turner, John C.; Austin, William G. & Worchel, Stephen (1979): An integrative theory of intergroup conflict. *Organizational identity: A reader*, 56(65), 9780203505984–16.
Tamir, Maya & Ford, Brett Q. (2012): When feeling bad is expected to be good: Emotion regulation and outcome expectancies in social conflicts. *Emotion*, 12(4), 807–816. https://doi.org/10.1037/a0024443
Tangney, June P. & Dearing, Ronda L. (2002): Gender differences in morality. In: Robert Bornstein & Joseph M. Masling (Hrsg.): *The psychodynamics of gender and gender role* (S. 251–269). American Psychological Association. https://doi.org/10.1037/10450-007
Tangney, June P. & Tracy, Jessica (2012): Self-conscious emotions. In: Mark R. Leary & June P. Tangney (Hrsg.): *Handbook of self and identity* (S. 446–478). 2. Aufl. New York: The Guilford Press.

Thayer, Julia F. & Lane, Richard D. (2000): A model of neurovisceral integration in emotion regulation and dysregulation. *Journal of Affective Disorders*, 61(3), 201–216.

Thieme, Nina (2017): Hilfe und Kontrolle. In: Fabian Kessl, Elke Kruse, Sabine Stövesand & Werner Thole (Hrsg.): *Soziale Arbeit – Kernthemen und Problemfelder* (S. 17–24). Opladen und Toronto: Verlag Barbara Budrich.

Thiersch, Hans (2015 [1995]): Mitleid als Problem im modernen Wohlfahrtsstaat (1995). In: ders. (2015): *Konzepte und Kontexte* (S. 177–187). Weinheim und Basel: Beltz Juventa.

Thiersch, Hans (2015): *Soziale Arbeit und Lebensweltorientierung: Handlungskompetenz und Arbeitsfelder. Gesammelte Aufsätze Band 1 und 2*. Weinheim und Basel: Beltz Juventa.

Thiruchselvam, Ravi; Blechert, Jens; Sheppes, Gal; Rydstrom, Anders & Gross, James J. (2011): The temporal dynamics of emotion regulation: An EEG study of distraction and reappraisal. *Biological Psychology*, 87(1), 84–92.

Tiedens, Larissa Z. (2001): Anger and advancement versus sadness and subjugation: the effect of negative emotion expressions on social status conferral. *Journal of Personality and Social Psychology*, 80(1), 86.

Tiedens, Larissa Z.; Ellsworth, Phoebe C. & Mesquita, Bantja (2000): Sentimental stereotypes: Emotional expectations for high-and low-status group members. *Personality and Social Psychology Bulletin*, 26(5), 560–575.

Tiefel, Sandra (2012): Strategien der Vertrauensherstellung im Beratungsprozess. In: Sandra Tiefel & Maren Zeller (Hrsg.): *Vertrauensprozesse in der Sozialen Arbeit* (S. 15–32). Baltmannsweiler: Schneider-Verlag Hohengehren.

Tiefel, Sandra & Zeller, Maren (2012): Vertrauensprozesse in der Sozialen Arbeit – Einleitung. In: Sandra Tiefel & Maren Zeller (Hrsg.): *Vertrauensprozesse in der Sozialen Arbeit* (S. 7–12). Baltmannsweiler: Schneider-Verlag Hohengehren.

Tiefel, Sandra & Zeller, Maren (2014): Differenzierung des Vertrauensbegriffs – empirische Analysen aus der Perspektive von Adressat/innen der Sozialen Arbeit. In: Sylke Bartmann, Melanie Fabel-Lamla, Nicolle Pfaff & Nicole Welter (Hrsg.): *Vertrauen in der Erziehungswissenschaftlichen Forschung* (S. 335–354). Opladen, Berlin und Toronto: Verlag Barbara Budrich.

Tomasello, Michael (2012): *Warum wir kooperieren*. Frankfurt a. M.: Suhrkamp.

Tooby, John & Cosmides, Leda (2008): The evolutionary psychology of the emotions and their relationship to internal regulatory variables. In: Michael Lewis, Jeannette M. Haviland-Jones & Lisa Feldman Barrett (Hrsg.): *Handbook of emotions* (S. 114–137). New York und London: Guilford Press.

Tracy, Jessica L. & Robins, Richards W. (2008): The nonverbal expression of pride: evidence for cross-cultural recognition. *Journal of Personality and Social Psychology*, 94(3), 516.

Trivers, Robert L. (1971): The evolution of reciprocal altruism. *The Quarterly Review of Biology*, 46(1), 35–57.

Trueb, Andrea (2021): *Dankbarkeit im Kontext Sozialer Arbeit. Konsequenzen für Klient*innen und Auswirkungen auf das professionelle Handeln*. Olten: Hochschule für Soziale Arbeit FHNW. https://doi.org/10.26041/fhnw-3948

Unanue, Wenceslao; Gomez Mella, Marcos E.; Cortez, Diego A.; Bravo, Diego; Araya-Véliz, Claudio; Unanue, Jesus & Van Den Broeck, Anja (2019): The reciprocal relationship between gratitude and life satisfaction: Evidence from two longitudinal field studies. *Frontiers in Psychology*, 10, 2480.

Urban-Stahl, Ulrike (2009): »Ich muss letztendlich entscheiden.« – Dialog und Entscheidungsmacht in der Hilfeplanung. In: Hans Ullrich Krause & Regina Rätz-Heinisch (Hrsg.): *Soziale Arbeit im Dialog gestalten. Theoretische Grundlagen und methodische Zugänge einer dialogischen Sozialen Arbeit* (S. 163–174). Opladen: Verlag Barbara Budrich.

Van Cappellen, Patty (2017): Rethinking self-transcendent positive emotions and religion: insights from psychological and biblical research. *Psychology of Religion and Spirituality*, 9, 254–263. https://doi.org.10.1037/rel0000101

Van Cappellen, Patty & Rimé, Bernard (2013): Positive emotions and self-transcendence. In: Vassilis Saroglou (Hrsg.): *Religion, personality, and social behavior* (S. 133–156). New York: Psychology Press.

Van Kleef, Gerben A. (2016): *The interpersonal dynamics of emotion*. Cambridge: Cambridge University Press.

Van Kleef, Gerben A. & Côté, Stéphane (2007): Expressing anger in conflict: when it helps and when it hurts. *Journal of Applied Psychology*, 92(6), 1557.

Van Leeuwen, Esther & Täuber, Susanne (2012): Outgroup helping as a tool to communicate ingroup warmth. *Personality and Social Psychology Bulletin*, 38(6), 772-783. https://doi.org/10.1177/0146167211436253

Van Zomeren, Martijn; Postmes, Tom & Spears, Russell (2008): Toward an integrative social identity model of collective action: a quantitative research synthesis of three socio-psychological perspectives. *Psychological Bulletin*, 134(4), 504.

Wagenaar, Sylvia (2024): *Kollegiale Beratung in der Sozialen Arbeit*. Suttgart: Kohlhammer.

Wagaman, Alex; Geiger, Jennifer M.; Shockley, Clara & Segal, Elizabeth A. (2015): The Role of Empathy in Burnout, Compassion Satisfaction, and Secondary Traumatic Stress among Social Worker. *Social Work*, 60(3), 201-209. https://doi.org/10.1093/sw/swv014

Wagenblass, Sabine (2004): *Vertrauen in der Sozialen Arbeit. Theoretische und empirische Ergebnisse zur Relevanz von Vertrauen als eigenständiger Dimension*. Weinheim: Beltz Juventa.

Wagenblass, Sabine (2018): Vertrauen. In: Hans-Uwe Otto, Hans Thiersch, Rainer Treptow & Holger Ziegler (Hrsg.): *Handbuch Soziale Arbeit. Grundlagen der Sozialarbeit und Sozialpädagogik* (S. 1803–1813). 6., überarb. Aufl. München und Basel: Ernst Reinhardt Verlag.

Wagenmakers, Eric-Jan; Beek, Titia; Dijkhoff, Laura; Gronau, Quentin F.; Acosta, Alberto; Adams, Reginal; Albohn, Daniel ... & Zwaan, Rolf A. (2016): Registered replication report: Strack, Martin, & Stepper (1988). *Perspectives on Psychological Science*, 11(6), 917–928.

Wagner, Thomas (2013): *Entbügerlichung durch Adressierung? Eine Analyse des Verhältnisses Sozialer Arbeit zu den Voraussetzungen politischen Handelns*. Wiesbaden: VS Verlag für Sozialwissenschaften.

Warner, Joanna (2015): *The emotional politics of social work and child protection*. Bristol: Policy Press.

Wesselmann, Eric D.; Ren, Dongning & Williams, Kipling D. (2015): Motivations for responses to ostracism. *Frontiers in Psychology*, 6, 40.

Wigger, Annegret (2007): *Was tun SozialpädagogInnen und was glauben sie, was sie tun?* Opladen und Farmington Hills: Verlag Barbara Budrich.

Williams, Kipling D. & Nida, Steve A. (2011): Ostracism: Consequences and coping. *Current Directions in Psychological Science*, 20(2), 71–75.

Wolf, Klaus (2010): Machtstrukturen in der Heimerziehung. *Neue Praxis*, 6, 539–555.

Wood, Alex M.; Froh, Jeffrey J. & Geraghty, Adam W. (2010): Gratitude and well-being: A review and theoretical integration. *Clinical Psychology Review*, 30(7), 890–905.

Wood, Alex M.; Maltby, John; Gillett, Raphael; Linley, P. Alex & Joseph, Stephen (2008): The role of gratitude in the development of social support, stress, and depression: Two longitudinal studies. *Journal of Research in Personality*, 42(4), 854–871.

Zaki, Jamil & Ochsner, Kevin N. (2012): The neuroscience of empathy: progress, pitfalls and promise. *Nature Neuroscience*, 15(5), 675–680.